Mbalango wa Alice eTikweni ra Swihlamariso

Mbalango wa Alice eTikweni ra Swihlamariso

Hi
Lewis Carroll

SWIFANISO HI
JOHN TENNIEL NA
BYRON W. SEWELL

YI HUNDZULUXIWILE E KA XICHANGANA HI
PENIAH MABASO NA
STEYN KHESANI MADLOME

evertype

2015

Yi kandziyisiwile hi/*Published by* Evertype, 19A Corso Street, Dundee, DD2 1DR, Scotland. *www.evertype.com*.

Hlokomhakaxidzi/*Original title*: *Alice's Adventures in Wonderland*.

Muhudzuluxo lowu/*This translation* © 2015 Peniah Mabaso & Steyn Khesani Madlome.
Nkandziyiso lowu/*This edition* © 2015 Michael Everson.

Nkandziyiso wo sungula/*First edition* 2015.

Switsariwa swa khatalogo ya tsalwa leri swi kumeka eka xitlatitibuku xa Britain.
A catalogue record for this book is available from the British Library.

ISBN-10 1-78201-123-4
ISBN-13 978-1-78201-123-1

Xivumbeko xa muxaka wa De Vinne Text, Mona Lisa, ENGRAVERS' ROMAN, na *Liberty* hi Michael Everson.
Typeset in De Vinne Text, Mona Lisa, ENGRAVERS' ROMAN, and Liberty by Michael Everson.

Swifaniso/*Illustrations*: John Tenniel, 1865.
Swifaniso/*Illustrations* (pp, 72, 76, 81, 120, 123): Byron W. Sewell, © 2015.

Khavhara/*Cover*: Michael Everson.

Rito ro Rhanga

*L*ewis Carroll i vito ro duvulela: kasi Charles Lutwidge Dodgson a ku ri rona vito ra mutsari ra xiviri naswona a a ri muleteri wa swa tinhlayo eChrist Church, edorobeni ra Oxford. Dodgson u sungurile marungula lama hi siku ra vumune ra n'hweti ya Mawuwani hi lembe ra 1862, loko va khomile rendzo ra byatso enambyeni wa Thames eOxford na Mufundhisi Robinson Duckworth, na Alice Liddell (loyi a ri na khumi wa malembe) n'wana wa Muangameri wa Kereke ya *Christ Church*, xikan'we na sesi na ndzisana, lava ku nga Lorina (wa malembe ya khumenharhu), na Edith (wa malembe nhungu). Tanihilaha swi paluxiweke hakona eka xitlhokovetselo emasungulweni ya tsalwa, vanhwana lava nharhu va komberile Dodgson leswaku a va garingetela kambe yena eku sunguleni a va nyika ntsheketo hi ndlela yin'wana ya khale. Ku na tindlela tinyingi leti nga riki erivaleni leswi hetisekeke leti kombetelaka eka maendlelo ya ntlhanu ya tsalwa leri ri nga ta khandziyisiwa hi lembe ra gidi madzana nhungu makumekaye-ntlhanu (1865).

XiTsonga i ririmi ro tlula mindzilekano leri vulavuriwaka eka matiko ya mune ya Afrika wa Dzonga lama ku nga: Zimbabwe, Swaziland, Afrika-Dzonga, na Muzambiki. Eka matiko lama hinkwawo ririmi leri ri vitaniwa hi mavito yo hambana. Etikweni ra Afrika-Dzonga ri vuriwa XiTsonga; eMuzambiki, ntlawa wukulu i XiTsonga kambe ehansi ka wona ku na mitlawa leyi vuriwaka XiChangana, XiTshwa na XiRhonga. EZimbabwe, ririmi leri ri tiveka tanihi XiChangana hi xitalo. Hambiswiritano ku ni ririn'wana leri vulavuriwaka i ra XiHlengwe (Bannerman 1972:36) kumbe leri kuceteriwaka hi XiTshwa (Guthrie 1967). VaTsonga i rixaka leri avanyisiweke no hambanisiwa hikokwalaho ka vukolonyi lebyi vangeke ku handzuriwahandzuriwa ka tikonkulu ra Afrika. Funnel (2004) u kombisa leswaku ku handzuriwahandzuriwa ka tikonkulu ra Afrika swi vangerile ku hambanisiwa ka tinxaka tinyingi leti a ti tshama etindhawini leti vakolonyi va ti tirhiseke tanihi mindzilekano ya matiko. Nambu wa Limpopo kumbe Vembe wu tirhisiwile tanihi ndzilekano wa Zimbabwe hi tlhelo ra le Dzonga-Vuxa laha ku hambanisiweke vaTsonga leswaku va kumeka eka matlhelo mambirhi ya wona.

Ntanga wa swiharhi wa Gonarezhou na wona wu avanyisile vaTsonga ku eka matiko ya Muzambiki na Zimbabwe. ku hambanisiwa ka tinxaka leti ku tswarile tindzimi leti se ti tivekaka tanihi leti tlulaka mindzilekano. Hi tlhelo ra Afrika wa Dzonga tindzimi leti hambanisiweke hi mindzilekano ti katsa XiChangana, XiKhalanga, XiTonga, XiVenda na XiSuthu. Hikokwalaho ka ku avanyisiwa no hambanisiwa loku, vavulavuri va XiTsonga va bohekile ku hluvuka leswi hambaneke hi tlhelo ra dyondzo, ririmi, ndhavuko, mavonelo ya misava na swa ku fuma kumbe swa tipolitiki. Loko hi languta eka XiChangana, hi vona leswaku ku tirhisiwa matsalelo yo hambana (ehandle ka Zimbabwe laha ka ha endliwaka matshalatshala yo huma ni matsalelo yo ringanisiwa) nakambe kuna swikongomelo swo hambana swa nhluvuko (Mabaso 2006:2). Xivangelonkulu hi leswaku matiko lama ku vulavuriwaka ririmi leri eka wona ya na vutifumi nakambe ya languta timhaka ta nhluvuko wa swa mahanyelo hi mahlo yo hambana. Ku hambana loku nga eka tindzimi ta XiTsonga ku vangiwa hikokwalaho ka leswaku vaTsonga va hangalakile eka tiko rikulu lero va hetelerile va hlangana ni vavulavuri va tindzimi timbe. VaTsonga va le Zimbabwe va le ka khale ka mfumo wa Nghilandi leswi vulaka leswaku va ni nkucetelo wa XiNghezi xikan'we na XiXona (ChiShona) lexi nga ni vavulavuri vo tala etikweni leri, kasi va le Muzambiki va kuceteriwa hi XiPhutukezi hikokwalaho ko va va werile eka khala ka mfumo wa ma-Phutukezi. XiTsonga xa le Afrika-Dzonga xi na nkucetelo wa tindzimiakelani to tanihi XiNghezi, XiBunu, XiVhenda, XiSuthu na tindzimi tin'wana ta XiNgoni ta tanihi XiZulu na XiQhoza.

Eka vuhundzuluxi lebyi bya *Mbalango wa Alice eTikweni ra Swihlamariso* byi endliwile hi ku tekela enhlokweni ririmi ra le Zimbabwe endzhaku ka ku va va ri nghenisiwile tanihi dyo-ndzo eswikolweni. Mfumo a wu khutaza vavulavuri va tindzimi leti a ti tshikeleriwile leswaku va tsala tibuku to ni matsalwa man'wana swo tirhisa eswikolweni swa vona. Vuhundzuluxi bya XiChangana byi ta va xiphemu xa nkoka eka matsalwa ya vana lavantsongo. Tanihileswi ka ha riki na matshalatshla yo ringanisa ririmi ra XiTsonga eZimbabwe, ku kumeka ka ha ri na swihoxo eka switsariwa swo hambana hi tlhelo ra mapeletelo.

Vuhundzuluxi lebyi byi tsariwile tanihi ntsheketo; laha hi landzeleleke maendlelo ya migaringeto laha ku tirhisiwaka nkarhi lowu hundzeke. Tsalwa ra *Alice's Adventures in Wonderland* ri hundzuluxeriwile eka *Mbalango wa Alice eTikweni ra Swihlamariso* ('The Adventures of Alice in a World of Wonders') ku nga ndlela yo tekelela ndhavuko wa XiTsonga. Leswi swi vonaka hi ku tirhisa mavito ya XiTsonga eka swimunhuhatwa swa ntsheketo. Hi lombile endlelo ra XiTsonga ku ri yisa eka tsalwa leri. Migaringeto

yo tala yi na *N'waMpfundla* na *N'waMfenhe* tanihi swimunhuhatwankulu, leswi paluxaka vutlhari ni fadela hi ku
landzelelana ka swona. N'waMfenhe u tirhisiwile ematshan'wini ya *Hatter* hikuva u kumeka ngopfu eka migaringeto nakambe i xiharhi lexi kumekaka hi xitalo etindhawini leti eka tona ku vulavuriwaka XiTsonga. Sengani u
tirhisiwile ematshan'wini ya Dormouse hikuva a hi na
xiharhi xexo erixakeni ra hina, kambe hi na *Sengani* hi xitalo.
March Hare u lo thyiwa, *N'waMpfundla*, hikuva hi yena la
kumekaka ngopfu eka migaringeto ya XiTsonga. Swimunhuhatwa hinkwaswo swa munhuhatiwa hi ku tirhisa swirhangi
swa *N'wa* eka mavito yo tani *N'waMpfundla, N'waMfenhe,* na
Kondlo. Eka migaringeto ya XiChangana swiharhi hinkwaswo swa munhuhatiwa. *N'wa* i xirhangi lexi tirhisiwaka
evanhwini naswona ku ri nkomiso wa rito *n'wana* leri vulaka
n'wana wa swimanimani loko ku lungeleriwile vito. Eka
vanhu xi tirhisiwa eka vavasati kambe eka swiharhi xi tirha
eka swiharhi hinkwaswo swa xinuna kumbe xisati.

Eka madlayiseto hi nga boxa leswaku, vahundzuluxi va
tsalwa ra *Alice's Adventures in Wonderland* va ringetile ku
tekelela eka ndhavuko wa vaChangana hi tlhelo ra swimunhuhatwa ni maqhingha ya migaringeto. Leswi swi paluxiwa
hi ku hundzuluxa mavito yo hambana ya XiNghezi ku ya eka
lama tolovelekeke eka vaChangana. Leswi nga tolovelekangiki swi siviwile hi leswi tolovelekeke. Swivulwa leswi a
swi nga twali swi antswisiwile kumbe ku susiwa eka
muhundzuluxo wa XiChangana leswaku vahlayi va nga
lahleki. Vahundzuluxi va ringetile hi matimba ku hundzuluxa
tsalwa ra *Alice's Adventures in Wonderland* leswaku ri twala
ri ri ra XiChangana ehandle ko hundzula timhakankulu leti
kumekaka eka tsalwa ro sungula.

Peniah Mabaso
Harare 2015

Foreword

*L*ewis Carroll is a pen-name: Charles Lutwidge Dodgson was the author's real name and he was lecturer in Mathematics in Christ Church, Oxford. Dodgson began the story on 4 July 1862, when he took a journey in a rowing boat on the river Thames in Oxford together with the Reverend Robinson Duckworth, with Alice Liddell (ten years of age) the daughter of the Dean of Christ Church, and with her two sisters, Lorina (thirteen years of age), and Edith (eight years of age). As is clear from the poem at the beginning of the book, the three girls asked Dodgson for a story and reluctantly at first he began to tell the first version of the story to them. There are many half-hidden references made to the five of them throughout the text of the book itself, which was published finally in 1865.

Shangani is a cross-border language spoken mainly in four Southern African countries: Zimbabwe, Swaziland, South Africa, and Mozambique. In all the countries the language is spoken, it is referred to by different names. In South Africa, it is known as Tsonga; in Mozambique, it is known as XiChangana. In Zimbabwe, it is known as Shangani although only a variety of the language referred to as

Hlengwe (Bannerman 1972:36) or Tswa (Guthrie 1967) is used. Shangani speakers have become a divided and differentiated people because of the colonialism which led to the partition of Africa. Funnel (2004) notes that the partition of Africa led to the separation of several ethnic groups which lived along geographical markers that were used as country boundaries. The Limpopo River was used as a political boundary to demarcate the south-eastern border of Zimbabwe and this geographical boundary divided the Shangani people, who now live on either sides of the Limpopo River. The Gonarezhou National Park also separated the Shangani people into Mozambique and Zimbabwe. The separation of these ethnic groups gave rise to what are now commonly referred to as cross-border languages. In Southern Africa, the Shangani, Kalanga, Tonga, and Venda people are some who have been separated by artificial boundaries.

Due to this division and separation, the speakers of cross-border languages such as Shangani were forced to develop separately in terms of their education, language, worldview, culture, and politics. For instance, in the case of Shangani language varieties, each of the different countries where they are spoken has its own orthography (except for Zimbabwe where there are still efforts to come up with a standard orthography) and agenda for development (Mabaso 2006:2). This is mainly because the countries where these cross-border languages like Shangani are spoken are all sovereign states that experience and conduct social development from different perspectives and approaches. In the case of Shangani, the differences in its varieties are also due to the fact that the Shangani people are dispersed over a very large geographical area. As a result they interacted with speakers of other languages. The Shangani people on the Zimbabwean side are living in an Anglophone territory and are influenced by English and the dominant Shona language, while those in Mozambique are in Lusophone territory and are influenced by Portuguese and other neighbouring languages. The Tsonga variety in South Africa is influenced by English, Afrikaans, Venda, and other Nguni languages like Zulu, Xhosa, Pedi, and Sotho.

This translation of *Alice's Adventures in Wonderland* was made using the Zimbabwean Shangani variety, at a time when the language had just been introduced into the school curriculum. The government has been encouraging the speakers of the once-marginalized languages like Shangani to produce textbooks and other written materials for use in schools. The Shangani translation of *Alice* will be an important set book for children's literature. Since the Shangani language in Zimbabwe does not have a fully standardized orthography, there are some inconsistencies in spelling in most of the written materials that are found in the language.

The translation is presented as a folktale; we followed the Shangani story-telling technique where the past tense is used. *Alice's Adventures in Wonderland* translated to *Mbalango wa Alice eTikweni ra Swihlamariso* ('The Adventures of Alice in a World of Wonders') is an adaptation to Shangani. This can be seen in the use of Shangani names for characters in the story. We have borrowed from Shangani folklore in our adaptation of the characters in the book. Most folklore has Hare (*N'waMpfundla*) and Baboon (*N'wa-Mfenhe*) as the main characters, representing cunning and stupidity respectively. Baboon was chosen to replace the Hatter because he is a very prominent character in Shangani folklore and it is also a common animal in Shangani-speaking areas. Mouse is used to replace the Dormouse because we have no such animal in the Shangani area and the nearest equivalent is the common mouse, *Sengani*. The

March Hare was given simply as Hare, *N'waMpfundla*, who is a popular character in Shangani folklore.

All the characters in the folktale are personified, indicated by the use of the capital letter for manes such as *N'wa-Mpfundla, N'waMfenhe,* and *Kondlo.* In Shangani folktales, all animal characters are personified. The prefix *N'wa-* is in some instances used to personify animals in Shangani. *N'wa-* is a prefix is used for people; it is the contracted form of *n'wana* which means 'child' but when attached to a proper name, *N'wa* means 'child of'. For human beings, it only refers to the females but for animals it is for both males and females.

In conclusion, the translators of *Alice's Adventures in Wonderland* made an effort to adapt the story and characters to suit the Shangani culture and story-telling techniques. This is shown by the changing of different English names of characters to common Shangani ones. Also unfamiliar things were changed to familiar ones. Some statements that did not make sense were made meaningful or left out in the Shangani version so that the story would flow and not be confusing to the audience. The translators tried their best to make the translated version of *Alice's Adventure in Wonderland* a purely Shangani story without changing the main ideas in the original story.

Peniah Mabaso
Harare 2015

Mbalango wa Alice
eTikweni ra Swihlamariso

NONGONOKO WA VUNDZENI

Hinkwaswo hi nhlikanhi wo saseka swonghasi
Hi famba khwatsi hi tigedhlile
Hi vuswikoti lebyintsongo
Hi mandla ya hina mantsongo swa tirhiwa
Kasi mavoko mantsongo ma ecenyeta swa hava
Ku ngwingwa ka hina ku ta komba ndlela.

Aa, n'we vanharhu va tihanyi ndzi n'wina! Hi nkarhi wo
    tani,
Ehansi ka maxelo ya milorho yo tanihi lawa,
Ku kombela ntsheketo hi ndlela yo tsana
Ku ninginisa na risiva lerintsongo swinene!
Kambe ku hoxa rin'we ra vusiwana, swi nga tisa yini
Hi ku kanetana na tindzimi tinharhu xana?

Prima wa xikulela a vonakala
Mahungu ya yena hi lama "ku wu sungula":
Hi rito ro tsokombela Sekhunda a tshemba leswaku
"Ku ta va ni thyaka eka wona!"
Kasi Thexiya a kavanyeta ntsheketo
Kan'we eka xinkadyana xintsongo.

Hi xihatla ku va na ku rhula
Va anakanya va karhi va landzelela
Xihlangi xa milorho va karhi va hundza hi le tikweni
Ra swihlamariso ra le nhoveni naswona lerintshwa,
Ku karhi ku buriwa ni xinyanyani kumbe xihari—
Na ku tshembenyana leswaku i ntiyiso.

Tanihi masiku, xitori xi khulukile
Xi omisa swihlovo swa mianakanyo,
Xi kondelela swintsongo eka lexi tsaneke
Ku veka nhlokomhaka ekusuhi,
"Nkarhi lowu landzelaka hinkwawo—" "I nkarhi lowu
  landzelaka!"
Marito lama tsakeke ma huwelela.

Hisweswo ntsheketo wa Tiko ra Swihlamariso wu
  ndlandlamukile:
Kantsongo, hi xin'wexin'we,
Magoza ya wona yo navetisa ya endliwile—
Se makuno ntsheketo wu hetiwile,
Ekaya ha kongoma, hi ri ntlawa lowu tsakeke,
Ehansi ka dyambu leri pelaka.

Alice! ku endliwa ka xitori xa vuhlangi,
Naswona hi voko ro vevuka
Xi late laha milorho ya Vuhlangi yi boheleriweke kona
Eka xijumba xa ximoya xa Mianakanyo,
Tanihi swiluva swa mufambi leswi vuneke
Leswi tsuvuriweke etikweni ra le kule.

N d z i m a I

E h a n s i k a N c e l e - w a N ' w a M b i l a

Alice se a a sungula ku karhala hi ku tshama kusuhi na sesi wa yena ehlalukweni a nga endli nchumu: kan'we kumbe kambirhi a a hlomele eka buku leyi a yi hlayiwa hi sesi wa yena, kambe a yi ri hava swifaniso kumbe n'wangulano eka yona, "naswona yi pfuna yini buku yo tani, yo kala swifaniso ni n'wangulano?" ku ehleketa Alice.

Emiehleketweni ya yena a kunguhata (hilaha a kotaka hakona, hikuva siku ro hisa swonghasi a ri n'wi endla leswaku a twa vurhongo na ku hlangana nhloko), loko ku tsakisa ka ku lunghisa nketani ya swiluva ku yelana ni ntirho wo karhata wo kha swiluvana, hi xinkadyana lexi Mbila yo Basa leyi nga ni mahlo ya xitshopana yi tsutsumeke hi le kusuhi na yena.

A ku ri hava na xin'we lexi khomekaka eka sweswo; hambi na leswaku Alice a nga va a hleketile leswaku a nga twa N'waMbila a vulavula a ri yexe a ku "Oh xirhandzwa! Oh xirhandzwa! Ndzi ta hlwela ngopfu!" (loko se a ta swi

anakanya endzhakunyana, a a fanele a hlamarisiwle hi swona
kambe hi nkarhi wa kona a swo endla wonge swo va swa
ntumbuluko); kambe loko N'waMbila a *teka wachi exikhwa-*
meni xa wasikoto ya yena a yi languta ivi a hatla a ya
emahlweni, Alice u hlamurile swirhendze hikuva swi tile
emehleketweni ya yena leswaku a nga si tshama a vona mbila
leyi nga ni xikhwama xa wasikoto kumbe wachi leyi yi nga
humesaka eka yona, kambe u tlhele a hiseka emoyeni ivi a yi
hlongorisa erivaleni laha hi xinkadyana xexo a nga lo kota ku
vona yi ku sululu, ekheleni ra timbila ehansi ka rihlampfu.

Eka xinkadyana xin'wana Alice u yile ehansi a karhi a yi
hlongorisa kambe a nga ehleketi leswaku u ta humisa ku yini
nakambe.

Khele ra timbila a ri ya emahlweni tanihi mugodi eka
ximpfhukanyana, ivi ri enta ri ya ehansi hi ku hatla, lero
Alice a nga xi kumanga xinkadyana xo hleketa swo yima a
nga se tikuma a wela endzeni ka xihlovo xo enta swinene.
Kumbe xihlovo lexi a xi entile, hambi leswaku yena u wele
eka xona swintsongoswintsongo hikuva u ve na nkarhi wo
tala a karhi a ya ehansi a ehleketa leswaku ku ta humelela
yina endzhaku ka leswi. Eku sunguleni u ringetile ku languta
ehansi leswaku a vona kuri u ya kwihi, kambe a ku ri ni
munyama wukulu lero a nga voni na nchumu; ivi a languta
ematlhelo ya xihlovo a vona leswaku a ma tele hi tikhavoto na
tixelefu: laha ni lahaya u vonile mimepe na swifaniso swi
nembeletiwile eka timhingu. U tekile jomela eka yin'wana ya
tixelefu loko a hundza: a yi tsariwile ku "MAMALEDI YA
MALAMULA", kambe lexi n'wi kwatiseke i ku a ku ri hava
nchumu eka rona: a nga swi lavangi ku wisa jomela hi ku
chava ku dlaya un'wana kambe u swi kotile ku ri veka eka
khavoto yin'wana leyi a nga hundza hi le ka yona loko a ri
eku weni.

"Swi lunghile!" ku ehleketa Alice a ri swakwe. "Endzhaku
ka ku wa ko tanihi loku, a ha hleketi nchumu hi ku wa hi
switepisi! Va ehleketa leswaku ndzi na xivindzi xa njhani le
kaya! Hikokwalaho ka yini, a ndzxi nge vuli nchumu
mayelana na leswi, hambileswi ndzi nga wa hi le henhla ka
yindlu!" (Leswi a swi kombe ku ri ntiyiso.)

Hansi, hansi, hansi. kasi ku wa loku a ku nga ta fika ema-
kumu na? "Ndza hlamala kuri ndzi nga va ndzi wile timayila
tingani hi nkarhi lowu?" u vurile hi ku huwelela. "Ndzi
fanekele ku va ndzi tshinela kusuhi ni le xikarhi ka misava.
Yimani ndzi vona: ndzi ehleketa leswaku ti nga fika timayila
ta mune wa magidi—" (hikuva Alice a a dyondzile swilo swo
tala swa muxaka lowu exikolweni, hambileswi a ku nga ri
nkarhi wa kahle wo tikomba leswaku u na vutivi tanihileswi
a ku ri hava ni un'we la n'wi yingiseke, hambiswiritano xi ri

xitoloveto xa kahle ku swi vuyelela. "—ina, ku nga mpfhuka wa ntiyiso—kambe ndza pfumala leswaku ku anama ni ku leha a swi ri njhani?" (Alice a nga tivi leswaku Kuanama ni Kuleha swi vula yini, kambe a wo tsakisiwa hi marito lama.) U sungurile nakambe. "Ndza pfumala kuri loko ndzo wa hi le xikarhi ka misava! Swi nga tisa fenya ra njhani ku huma hi le xikarhi ka vanhu lava fambaka tinhloko tin ri ehansi! Vukaneti, ndza ehleketa—" (a a tsakile leswaku a ku ri hava loyi a yingiserile nkarhi lowu, tanihileswi rito leri a ri nga twali ri ra kahle) "—kambe ndzi fanele ku va vutisa leswaku vito ra tiko i mani, ma tiva. Ku nga va ku ri New Zealand kumbe Australia?" (u ringetile a karhi a vulavula—tivone u ri *karhi* u wa hi le moyeni! U vona wonge u nga swi kota xana?) "Va ndzi teka ndzi ri xiphunta xa nhwanyana xa njhani loko ndzo vutisa leswi! Ee, a swi nge endli ku vutisa: kumbe ndzi ta swi vona swi tsariwile kun'wana le henhla."

Hansi, hansi, hansi. a ku ri hava xo xi endla, se Alice u sungurile ku vulavula nakambe. "Dinah u ta ndzi hleketa ngopfu vusiku bya namuntlha, ndz tshemba tano!" (Dinah a ku ri ximanga.) "Ndza tshemba vata tsundzuka xindhicana xa yena xa masi hi nkarhi wa tiya. Dinah, xirhandzwa! A ndzi navela loko a u ri swin'we na mina haleno ehans! Ku hava makondlo emoyeni, ndza chava kambe u nga khoma ximangadyana naswona xi yelana ngopfu na kondlo wa vona. Kambe swimanga swi dya swingadyana xana ke? A ndzi tshembi." Hi nkarhi lowu Alice u sungule ku twa vurhongo, a ya emahlweni a endla wonge o lorha a tibyela leswaku "Swimanga swi dya swimangadyana ke? Ku swimanga swi dya swimangadyana ke?" Naswona nkarhi wun'wana "Swimangadyana swi dya swimanga ke?" Tanihileswi a nga hlamuli na xin'we xa swivutiso leswi, a nga khatali kuri u swi vekisa ku yini. U twile leswaku se wa khudzehela, naswona a wo sungula ku lorha byi ri vudoledole na Dinah a karhi a vula a tiyisile leswaku, "Dinah, ndzi byele ntiyiso makuno: u

tshama u dya ximangadyana ke?" laha a nga dumela ehansi
ehenhla ka nhulu ya tinhi ni matluka yo oma, ivi kuwa ku
helela kwalaho.

Alice a a nga vavisekangi hambi niswintsongo, u tlurile hi
milenge hi kan'wekan'we: a languta ehenhla, kambe a ko va
na xinyami hinkwako: emahlweni ka yena a ku ri na ndlela yo
leha, naswona Mbila yo Basa a ya ha vonakala, yi karhi yi
tsutsuma eka yona. A ku ri hava xinkadyana xo lahla: Alice
u balekile tanihi moya a va ni nkateko wo twa yi vula leswaku
"Oh! Tindleve ni malebvu ya mina, se bya sikula!", hi nkarhi
lowu a yi hundza hi le njhikweni. Yena a a ri kusuhi na yona
loko a jika enjhikweni kambe N'waMbila u nyamalarile
emahlweni ya yena: u tikumile a ri eholweni yo leha, yo
rhelela, leyi a yi lumekiwe hi nxaxameto wa timboni leti a ti
nembeleka elwangwini.

Eholweni a ku ri na mavanti yo tala, kambe a ma gogiwile;
loko Alice a ya hansi na le henhla a ringetela rivanti rin'wana
na rin'wana, u fambile hi le xikarhi hi ku hlundzuka tsuva a
karhi a pfumala leswaku u ta humisa ncini.

Hi makahati mangarimangani u hundzile hi laha a ku ri na
tafula ra milenge minharhu leyi endliweke hi nghilazi yo tiya:
a ku ri hava nchuma eka yona ehandle ka xikhiyana xa
nsuku, naswona miehleketo yo sungula ya Alice a yi ri ya
leswaku xi nga va xi ri xa rinwana ra mavanti ya holo; kambe,
eh! Laha ku gogiwaka a ku ri kukulu kumbe xikhiyana a xi
ri xintsongongopfu lero a xi nga ta pfula a hambi na rivanti
rin'we. Hambiswiritano hi xinkadyana xa vumbirhi, u humile
hi le ka kheteni ro rhelela leri a nga ri vonangi eku sunguleni,
leri a endzhaku ka rona a ku ri ni xivantana lexi nga lehaka
khumentlhanu wa tiinchi: u ringetile xikhiyana lexiyani xa
nsuku, ivi xi pfumela, leswi tiseleke ntsako!

Alice u pfurile rivanti, kumeke a ri n'wi fikisa ka xindle-
dyana, lexi nga tluliki ncele wa nkondlo hi vukulu: u khinsa-
mile a languta hi le ka xindledyana lexi a vona ntanga wo
saseka swongahsi lowu mi nga si tshamaka mi wu vona. A a
navela njhani ku huma eholweni ya munyama wo tani, ivi a
ya tsendzeleka eka swiluvana leswo hatima ni swiseluselu
swo titimelela, kambe a nga koti hambi ku ri ku nghenisa
nhloko hi yoxe eka nyangwa lowu; "nakona hambi nhloko ya
mina yi nghena," ku ehleketa mbuyangwana Alice, "a swi
nga ta pfuna ngopfu loko makatla ya nga ri kona. Oh, ndzi
navela njhani loko a ndzo kota ku titsongahata tanihi
thelesikopu! Ndza tshemba ndzi nga swi kota, loko a ndzo
tiva masungulelo." Tanihileswi mi vonaka leswaku mahlorhi
manyingi ya humelerile eka mikarhi leya ku hundzaka, lero
Alice u sungule ku ehleketa leswaku i swilo swingariswingani
leswi nga kotekiki laha misaveni.

A swi tikomba swi nga pfuni nchumu ku va a ala a yimile
ka xivantana, hikokwalaho ka leswi u tlhelele etafuleni

12

nakambe, a tshembanyana leswaku a nga tshuka a kumile khiya rin'wana ehenhla ka tafula, kumbe a nga tshuka a kumile buku ya milawu yo tsongahata vanhu tanihi tithelesikopu: hi nkarhi lowu se u kumile xibodhlelana ehenhla ka rona ("lexi a xi nga ri kona eku sunguleni," ku vula Alice), enkolweni wa xibodhlelana a ku boheleriwile xiphephana lexi a xi tsariwile marito "NDZI NWE" xi tsariwile kahle hi maletere lamakulu.

A swi saseke ngopfu ku vula leswaku "Ndzi nwe", kambe Alice hi vutlhari bya xona a xi nga ta endla leswi hi xihatla. "Ee, ndzi ta sungula ndzi languta," u vurile, "ndzi vona loko xi tsariwile '*chefu*' kumbe ee"; tanihileswi a a hlayile switorinyana swo tsakisa ehenhla ka vana lava nga hisiwa no dyiwa hi swivandza ni swin'wana swo ka swi nga tsakisi, hikokwalaho k ova va nga lemukangi milawu yo vevuka leyi a va yi dyondzisiwile hi vanghana va vona: swo tanihileswi, nsimbi yo tshwuka yi ta ku hisa loko wo yi khoma nkarhi wo leha; naswona loko u titsema ngopfu hi mukwana ritiho ri ta huma ngati; leswi a a nga swi rivalangi, na loko u nwa eka bodhlela leri tsariweke "chefu", swo boha leswaku ri nga twanani na wena kwalaho kumbe endzhaku.

Hambiswiritano, bodhlela leri a ri nga tsariwanga ku "chefu", Alice eheleketile ku ringa, loko a kuma leswaku a xi nandziha (a xi ri na mpfilungano wa cheri-tati, khasitadi, xinanandzi, thofi, galakuni ro oxiwa na thositi), u xi hetile hi ku copeta ka tihlo.

*   *   *   *

   *   *   *

*   *   *   *

"I matitwelo yo lavisisa swilo ya njhani!" ku vula Alice; "ndzi nga va ndzi karhi ndzi tsongahala tanihi thelesikopu."

Impela swi vile tano: se a a lehile khume ra tiinchisi, na xikandza xa yena a xi hatima hikokwalaho ka miehleketo ya leswaku se u le ka mpimo wo kota ku huma hi le ka xivantana a ya eka ntanga wo saseka swonghasi. U sungurile a yimanyana ku vona loko a tsongahala ku hundza kwalaho: u twile ku chavanyana hi swona; "tanhileswi swi nga helaka, ma vona," ku tibyela Alice, "eku humeni ka mina tanihi khandlela. Ndza hlamala leswi ndzi nga ta va xiswona endzhaku?" Naswona u ringetile ku anakanya leswi langavi ra khandlela ri nga xiswona loko khandlela ri timiwa, tanihleswi a a nga ha anakanyi a vona xilo xo tanihi lexi.

Endzhaku ka xinkadyana loko a vinile a ku ri hava swin'wana leswi endlekeke, u ehleketile ku ya entangeni kan'wekan'we; kambe khombo hi rero eka mbuyangwana Alice! Loko a fika enyangweni u swi lemukile leswaku a rivele xikhiyana xa nsuku, loko a xi tlhelela etafuleni u kumile leswaku a nga ha swi koti ku xi fikelela kahle: a a xi vona

kahlekahle hi le nghilazini, ivi a ringeta hilaha a kotaka
hakona ku kandziya hi nenge wun'we wa tafula, kambe a wu
rheta; kavaloko a karhele hi ku ringeta, nchumu lowuntsongo
wa vusiwana a wu tshamile ehansi wu karhi wu rila.
"Tana, a swi pfuni nchumu ku rilisa xisweswo!" ku vula
Alice embilwini ya yena, "kambe ndzi nga ku tshinya leswaku
u muka hi xinkadyana lexi!" hi ku angarhela a tshama a
titsundzuxa kahle (hambileswo a nga tali ku swi landzelela),
naswona mikarhi yin'wana a a tirhukana ngopfu swinene
lero a swi tisa mihloti emahlweni ya yena; naloko a anakanya
a ringeta ku tiba tindleve hi ku va a tixisile entlangwini lowu
a tlanga a tiphikiza a ri yexe, hikuva xihlangi lexi xo tlha-
rihisa a xi tiendla ingaku a xo va vanhu vambirhi. "Kambe a
swa ha pfuni sweswi," ku ehleketa Alice, "ku tiendla vanhu
vambirhi!, hikokwalaho ka yini, a ka ha salanganchumu wo
enela eka mina lowu nga endlaka leswaku munhu a
hloniphiwa!"

Hi makhati mangarimangani tihlo ra yena a ri honokele
xibokisana xa nghilazi lexi a xi latiwile etafuleni: u xi pfurile,
a kuma ku ri ni xikhekhana endzeni lexi tsaiweke marito
lama "NDZI DYE" lama a ma tsariwile swo saseka ngopfu
hi maletere lamakulu. "Ina, ndzi tadya," ku vula Alice, "loko
xi endla leswaku ndzi kula, ndzi ta kota ku fikelela khiya;
nakona loko xi ndzi tsongahata, ndzi ta khokhomela hi le
hansi ka rivanti; se hi ndlela yihi kumbe yihi, ndzi ta nghena
entangeni, naswina a ndzi khatali ku humelela swihi!"

U dyile swintsongo, a tibyela hi ku kanakana, "Hi tlhelo
rihi? Hi tlhelo rihi?" a vekile voko ra yena enhlokweni leswa-
ku a ta twa leswaku yi kulela tlhelo rihi; kambe u hlamarile
ku kuma leswaku a nga cincangi. Hi ntiyiso, leswi swi tala ku
endleka loko munhu a dya khekhe; kambe Alice a tinghenisile
eka timhaka to langutela masingita, lero a swi tikomba byi ri
vuphukuphuku ku va vutomi byi famba hi ndlela ya
ntolovelo.

U lunghiserile ku tirha, naswona hi xihatla u hetisile khekhe.

     *   *   *   *

        *   *   *

     *   *   *   *

NDZIMA YA II

Xidziva xa Mihloti

"Muvutisisi na muvutisisi!" ku rila Alice (u hlamarile ngopfu leswaku eka xinkadyana u rivele ku vulavula XiChangana xa kahle). "Sweswi se ndza pfuleka tanihi thelesikopu ya masiku! Salani, mikondzo ndzin'wina!" (tanileswi a ehansi eka mikondzo ya yena leyi a yi kombisa ku ka yi nga ha vonakali, se a yi ri karhi yi ya ekule). "Oh, vambuyangwana mikondzo ya mina, ndzi pfumala leswaku i mani la nga ta mbala tintangu ni masokisi swa n'wina eka nkarhi lowu, varhandziwa? Ndzi na ntiyiso leswaku a ku nge he vi mina! Ndzi ta va ndzi ri kule swinene ku tikarhatela n'wina: mi fanele mi fambisa hilaha mi kotaka hakona— kambe ndzi fanele ndzi yi komba musa," ku ehleketa Alice, "kumbexana yi nge fambi hi ndlela leyi ndzi lavaka ku famba hayona! Mi nge ndzi vona. Ndzi ta yi nyika tintangu tintshwa Khisimusi rin'wana ni rin'wana.

U yile emahlweni a kunguhata a ri swakwe leswaku a nga swi fambisa njhani, "Yi fanele yi posiwa hi timovha ta nhundzu," u ehleketile; "ri ta va fenya ra njhani, ku rhumela

tinyiko eka mikondzo ya wena n'wini! Ni matlhelo ya kona ya
ta va ya ya nga tolovelekangi ku fika kwihi!

Nkondzo wa Xinene wa Alice,
    Xitheve,
        Swi le kusuhi na Fendha
           (hi rirhandzu ra Alice).
           Oo xirhandzwa, ndzi vulavula thyaka
ra njhani xana!"

Hi nkarhi lowu nhloko ya yena yi
dumerile eka lwaungu ra holo:
kahlekahle se a lehile ku hundza
tifiti ta kaye, naswona a namba a
teka xikiyana xa nsuku a tsutsu-
mela eka rivanti ra le ntangeni.

Mbuyangwana Alice! U ringetile ku
etlela hi rihlanguti rin'wana a
hlometela entangeni hi tihlo rin'we;
kambe ku nghena a yova milorho ya
nanhlikanhi: u tshamile ehansi a
sungula ku rila nakambe.

"U fanele ku tinyumela," ku vula
Alice, "nhwanyana lonkulu kukota
wena," (na yena a nga vula marito
lama) "ku ya emahlweni u karhi u
rila hi mukhuva lowu! Wanga
yimanyana ka xinkadyana lexi,
ndza ku byela!" Hambiswiritano
u yile emahlweni, a xiririka
milambu ya mihloti, ku kala ku
van a xidziva lexikulu lexi n'wi
rhendzeleke, lexi enteke tiinchi ta
mune ku ya ehansi ka holo.

Endzhaku ka nkarhinyana u twile
swigimo swa mikondzo hi le kulenyana, a

hatla a tisula mihloti leswaku a ta vona kuri a ku ta yini. A ku ri N'waMbila wo basa loyi se a a vuya a xongile swinene, a ri na madlilavhu-vuhlangi yo basa eka voko rin'wana kasi eka lerin'wana a tamerile feni yikulu: u tile a karhi a dloma hi ku jaha a karhi a n'unun'uta a ri swakwe a ku, "Oh! Mufumi wa xisati! Mufumi wa xisati! A a nga ta ndzi endlela mona ke leswi ndzi n'wi tshikeke a yimelerile!"

Alice u herile matimba lero a tiyimisele ku kombela ku pfuniwa hi mani na mani: loko N'waMbila a tshinela kusuhi, u sungurole hi rito leri nga ni ku chava, "Loko u swi lava,

Nkulukumba—" N'waMbila u lo na twa sweswo, ivi hi xihatla a wisa madlilavhu—vuhlangi yo basa na feni, a pana sikisi a kongomile exinyamini.

Alice u tekile feni na madlilavhu, tanhileswi a ki hisa eholweni, a a hambana a titimeta hi yona hala tlhelo a yisa emahlweni no vulavula. "Xirhandzwa, xirhandzwa! Swi ta njhani leswaku namuntlha swilo hinkwaswo swi yime hi nhloko! Naswona tolo swilo swi fambe kahle ngopfu. Ndza hlamala loko ndzi lo cinciwa navusiku? Ndzi nga hleketetanyana: a ndzi ri leswi a ndzi xiswona loko ndzi pfuka nampundzu xana? Ndza hleketa leswaku ndza anakanya ndzi twa swo hambananyana. Kambe loko ndzi hundzukile, xivutiso lexi landzelaka i ku, 'Se ndzi mani laha emisaveni?' Aa, i xihlamariso xikulu!" u sungurile ku ehleketa ehenhla ka swihlangi hinkwaswo swa ntangha ya yena, ku vona loko a hundziriwile ku va un'wana wa swona.

"Ndzi na ntiyiso leswaku a hi mina Ada," u vurile tano, "hikuva misisi ya yena yi lehile naswona yi sohanile, kambe ya mina a yi sohanangi hambi nikan'we; naswona ndzi na ntiyiso leswaku a ndzi nge vi Mabel, hikuva ndzi tiva swilo swa tinxakaxaka, kambe yena u tiva swintsongo ngopfu! Xin'wana i ku *yena* hi yena, naswona *mina* hi mina, nakambe—oh, xirhandzwa! Swi hlamarisa njhani! Ndzi ta ringeta ku vona loko ndzi tiva swilo hinkwaswo leswi a ndzi tiva khale. Ndza ha vona: mune ku andzisa hi nthlanu i khumembirhi, nakambe mune ku andzisa hi tsevu i khumenharhu, naswona mune ku andzisa hi nkombo i—oh xirhandzwa! A ndzi nge fike eka makhumembirhi hi rivilo leri! Hambiswiritano, tafula-ra-andziso a ri tikombi: a hi ringeteni Ntivo-misava. London i dorobankulu ra Paris, naswona Paris i dorobankulu ra Rome, Rome ke—ee, swi hoxekile hinkwaswo, ndzi ni ntiyiso! Ndzi nga va ndzi hundzukile ku va Mabel! Ndzi ta ringeta ndzi ku '*Swi koteka njhani lexintsongo*—'," nakambe u hingakanyile mavoko ya

yena emilengeni wonge a wo vula tidyondzo, a sungula ku swi
vuyelela, kambe rito ra yena se a ri twala ri khwaxile ri nga
ha twakali, naswona marito a ma nga ha humi ku fana ni
khale:—

"Xingwenyana xintsongo xi swi kota njhani
Ku antswisa ncila wa xona wo hatima.
Na ku chela mati ya Nile
Eka hati ra nsuku rin'wana na rin'wana!

"Swi tsakisa njhani ku vona wonge xo cinama,
Marhuva ya xona ya hangalakile swo saseka njhani,
Naswona xi amukela swihlampfana endzeni,
Hi tinhlaya leti n'wayitelaka khwatsi!"

"Ndzi ni ntiyiso wa leswaku lawo a hi marito ya kahle," ku
vula Alice mbuyangwana, ni mahlo ya yena a ma tele hi
mihloti nakambe loko a ya emahlweni. "Hambiswiritano ndzi
fanekele ku va ndzi ri Mabel ntsena, naswona ndzi fanele ku
ya tshama eka xiyindlwana xitsanana lexiya, ndzi fika ka
xiyimo xo pfumala swidoli swo huha hi swona, naswona ndzi
ta dyondza ni swidyondzo swo tala! Ee, se ndzi ehleketile
mayelana ni mhaka leyi: loko ndzi ri mina Mabel, ndzi ta
tshama haleno hansi! swi ta va swi nga ha pfuni nchumu ku
veka tinhloko ta vona ehansi va vula leswaku 'Tana ehenhla
nakambe, xirhandzwa!' Ndzi ta languta ehenhla ndzi ku 'Se
mina ndzi mani xana? Ndzi byele sweswo ku sungula, ivi loko
ndzi swi lava ku va munhu yaloye, ndzi ta humelela: loko swi
nga ri tano, ndzi ta tshama kwaleno hansi ku kala ndzi ya va
munhu un'wana'—kambe, oh xirhandzwa!" ku rila Alice,
mihloti yi karhi yi hobomulana hi xihatla, "Ndzi navela
leswaku vat a veka tinhloko ta vona ehansi! Ndzi karhele
ngopfu hi ku va ndzi ri ndzexe haleno!"

Loko a ha vulavula kukota sweswo u langutile emavokweni ya yena, a hlamala hi ku tikuma a ambarile rin'wana ra madlilavhu-vuhlangi yo basa ya N'waMbila. "Ndzi nga va ndzi ri kumise ku yini?" u anakanyile. "Ndzi fanekele ku va ndzi tsongahala nakambe." U tlakukile a ya etafuleni a ya tipima hi rona, ivi a kuma leswaku se a a cincile a leha tifithi timbirhi tanihi ku ringayeta ka yena, naswona a ala a ri karhi a khanyana hi xihatla: u kumile leswaku xivangelo xa leswi a ku ri feni leyi a tamerile ivi a yi wisa hi ku anghwetla, hi nkarhi wo fanela ku sivela hu khanyana a helela ra makumu.

"Loku i ku ku pona ri ahlamile!" ku vula Alice, hi ku chuwa hi ku cinca ka xihatla, kambe hi tlhelo lerin'wana a tsakela ku va a ha hanya. "Se makuno swa ntanga ke!" U tsutsumile hi rivilo a tlhelela eka xivantana, kambe khombo ra kona! Xivantana a xi pfalekile nakambe, naswona xikhiyana xa nsuku a a xi ri ehenhla ka tafula tanihi le ku sunguleni, "se swilo swi bihile ku tlula eku sunguleni," ku ehleketa xihlangi xa vanhu mbuyangwana, "hileswi a ndzi nga ri ntsongo kukota leswi emasungulweni, ee! Naswona ndza vula ndzi ki swi bihile ngopfu, ku va swi ri tani!"

Hi nomu lowu nkondzo wa yena wu rhetemukile, ivi hi xinkadyana u le matini! Se a fika hi le xilebvini ematini ya munyu. Eku sunguleni u tele hi miehleketo ya leswaku u wele elwandle, "loko swi ri tano ndzi ta tlhelela hi le njhanjhini," a a tibyela leswi. (Alice a a yile eribuweni ra lwandle kan'we evuton'wini bya yena, lero u fikele ka ku ehleketa leswaku, kun'wana ni kun'wana lomu u yaka eribuweni ra XiNghezi, u kuma michini yo hlaya yo hlambisa elwandle, swihlangi swi karhi swi cela emisaveni hi tifoxola ta madzandza, ivi ku va nxaxameto wa tiyindlu to hira naswona endzhaku ka tona ku ri na xitichi xa xitimela.) Hambiswiritano, u swi lemukile leswaku a a ri endzeni ka xidziva xa mihloti leyi nga huma loko a rila hi nkarhi lowu a lehile tititthi ta kaye.

"Loko wonge a ndzi nga rilangi swonghasi!" ku vula Alice, a ri karhi a hlambela a lava ndlela yo huma hayona. "Ndzi ta xupuriwa hikokwalaho ka leswi se makuno, ndza tshemba, hi ku va ndzi nwela emihlotini ya mina! Ku *ta va* nchumu lowo jila, ku vula ntiyiso! Hambiswiritano, hinkwaswo swa jila namuntlha."

U twile mpfumawulo wa xin'wana xi nga wela ematini exidziveni hi le kulenyana, ivi a hlambela a ta kusuhi leswaku a ta vona leswaku a ku ri yini: u sungule a hleketa leswaku ku nga ku ri mpfuvu kumbe xiharhi xin'wana, kambe u tsundzukile leswaku a a ri lontsongo njhani sweswi naswona a swi vona leswaku a ko va nkondlo leri a ri rhetile ku fana na yena.

"Swa ha ta pfuna ke sweswi," ku ehleketa Alice, "ku vulavula na kondlo leri? Xin'wana na xin'wana a xi fambi hi ndlela haleno hansi, lero ndzi nga ehleketa leswaku ri nga vulavula: hi xipimo xihi kumbe xihi, a ku na lexi lahlekaka hi ku ringeta." Se u sungurile: "O N'waKondlo, wa yi tiva ndlela yo huma hi yona exidziveni lexi xana? Ndzi karhele hi ku hlambela lomu, O N'waKondlo!" (Alice u ehleketile

23

leswaku leyi hi yona ndlela ya kahle yo vulavula na kondlo: a nga si tshama a endla swilo swa muxaka lowu, kambe u tsundzukile a swi vona eka vuvulavuri bya XiLatini bya boti wa yena, "Kondlo—ra kondlo—eka kondlo—kondlo—O kondlo!" N'waKondlo u n'wi langutile hi tihlo ra le tin'hwembeni naswona swi tikomba wonge a wo tshunyeta hi rin'we ra switihlwana swintsongo, kambe a a nga vulavulangi nchumu.

"Kumbexana a nga twisisi XiChangana," ku ehleketa Alice; "ndzi nga vula leswaku i kondlo ra XiFurhwa, tana haleno na Mufurhwa William Muhluri." (hambileswi Alice a a ri ni vutivi bya matimu, a a nga ha swi koti no kumbetela leswaku swilo swin'wana na swin'wana a swi endlekile rini.) Hisweswo u sungurisile nakambe: "Où est ma chatte?" lexi a ku ri xivulwa xa yena yo sungula eka buku ya tidyondzo ta XiFurhwa. N'waKondlo u lo namba a tlulela ehandle ka mati, naswona a kombisa ku rhurhumela emirini hinkwawo hi ku chava. "Oo! Ndzi khomele!" ku huwelela Alice, a karhi a chava leswaku u khunguvanyisile xihadyana xa vanhu, mbuyangwana. "A ndzi rivele leswaku a u lavi swimanga."

"A ndzi lavi swimanga!" ku rila N'waKondlo hi xiviti hi rito ro enta swinene. "A u ta lava swimanga loko a u ri mina xana?"

"Kumbexana a ndzi nga ta swi lava", k uvula Alice hi rito ro chavelela: "u nga vileli i swona. Nakambe ndzi navela leswaku loko a swi koteka ndzi ku komba ximanga xa hina Dinah: ndza tshemba leswaku u nga rhandza swimanga loko wo xi vona ntsena. I nchumu wo rhula wo rhandzeka swinene," Alice u yile emahlweni, wonge a wo tibyela yena n'wini tanihileswi a a hlambela hi ku loloha exidziveni, "nakambe u tshama hi ku rhurhumela endzilweni, a ri karhi a tilakatsa marhuva ya yena na ku tihlamba exikandzeni xa yena—i nchumu wa kahle wo olova ku ongola—naswona i nchumu wa nkoka wa ku khoma makondlo hawona—oo, ndzi khomele! Ku bokoxela Alice nakambe, hikuva hi nkarhi lowu N'waKondlo se a a nga ha tshamisekangi, a vheta a swi twa leswaku a khunguvanyekile. "Aha ha vulavuli hi yena loko wena u nga swi lavi." "Hakunene, a hi tshike!" ku rila N'waKondlo, loyi se a a rhurhumela ku fika na le makumu ka ncila. "Ku endla wonge ndzi to vulavula hi nhlokomhaka leyi! Ndyangu wa hina u tshame u *venga* swimanga: swilo swa mona, swo koma, swa nhlambha! U nga ha engeti u ndzi tsundzuxa vito leri!" "A ndza ha engeti rhurhi!" ku vula Alice, hi xihatla xo cinca nhlokomhaka ya bulo ra vona. "Wa—wa rhandza ti—ti mbyana xana ke?" N'waKondlo a nga hlamulangi, se Alice a ya emahlweni hi ku nyanyuka: "Ku ni mbyana yin'wana ya masasekelo eka muakelani wa hina, ndzi nga lava ku ku komba! Yintsongo leyi nga ni mahlo yo tlhariha wa vona, naswona yi ri na mabvele yo leha yo sohana ya ribungu! Yi ta lavalava swilo loko wo yi hoxela yi tlhela yi tshama yi kombela xifihlulo xa yona na swilo swa tinxakaxaka—A ndza ha tsundzuki hafu ya swona—kambe i ya murimi wa vona naswona u vula leswaku ya pfuna ngopfu, yi nga durha dzana ra tipondho! U vula leswaku yi dlaya makondlo hinkwawo— oo xirhandzwa!" ku rila Alice hi thoni leyi twisaka vusiwana, "Ndza chava leswaku ndzi n'wi khunguvanyisile nakambe!" Hikuva N'waKondlo se a a karhi a hlambela a ya kule laha a nga kotaka kona a ri karhi a pfuxa dzolonga exidziveni loko a ri ku fambeni.

U vitanile hi rito ro tsokombela, "N'waKondlo xirhandzwa! Wa nga vuya haleno nakambe, a ha ha vulavuli hi swimanga kumbe timbyana loko wena u nga rhandzi!" Loko N'waKondlo a twa leswi u jikile a hlambela a tlhelela eka Alice: xikandza xa yena a xi basulukile (hi nyanyuko, hi ku hleketa ka Alice), a vula hi rito ro rhelela ro rhurhumela, "A hi ye eribuwini ivi ndzi ya ku byela mhaka ya matimu ya mina, lero u ta swi twisisa leswaku hikokwalaho ka yini ndzi venga swimanga na timbyana."

A ku ri nkarhi wo fanela wa ku muka, hikuva xidziva se a xi taleriwile hi swinyanyana na swiharhi leswi a swi werile kona: a ku ri na N'waSekwa na N'waRhandzala, N'waXindzingiri na N'waXigamana, na swivumbiwa swin'wana swo hambana-hambana. Alice u rhangile emahlweni, ivi hinkwavo va hlambela va kongomile eribuwini.

Mphikizano-wo-kala milawu na Ntsheketo wo Leha

A va ri ntlawa lowu a wu languteka hi tihlo ro jila lowu a wu hlengeletanile ehlalukweni—tinyanyana ni tinsiva to kokakokiwa ethyakeni, swiharhi leswi nga mavoya lama swi namarheleke, nakambe hinkwaswo leswi phomaka, leswi kwateke ni leswi nga tshamisekangiki.

Xivutiso xo sungula hi lexi, a swi omisa ncini nakambe: swi ve na nkanerisano hi mhaka leyi ivi endzhaku ka xinkadyana swi tikomba wu ri ntumbuluko ku va Alice a tikuma a karhi a vulavula na swona tanihiloko a swi tivile evuton'wini bya yena hinkwabyo. Hakunene, u kanetanile na N'waXindzingiri, loyi eku heteleleni a hlundzukile a vula ntsena leswaku, "Ndzi lonkulu ka wena, hikokwalaho ka sweswo ndzi tiva swo tala ku ku tlula." Alice a nga ta pfumela eka leswi a nga si tiva leswaku a a ri lonkulu ku fika kwihi, nakambe loko

N'waXindzingiri a ala k uvula malembe ya yena a ka ha ri hava xo vulavula.

Eku heteleleni N'waKondlo loyi a komba ku va munhu wa xikulela exikarhi ka vona, u vitanerile, "Tshamani hansi hinkwenu, mi ndzi yingisela! Ndzi ta endla leswaku mi oma ku ringanela hi ku hatla!" hinkwavo va tshamile ehansi hi kan'wekan'we, eka xirhendzevutani xikulu, N'waKondlo a ri exikarhi. Alice u arile a lo n'wi nhwii, leswi a tiva leva leswaku a a ta khoma hi mukhuhlwani wukulu loko a nga omi hi ku hatlisa.

"Ahe!" ku vula N'waKondlo hi rito ra xidlamela. "Mi lunghiselerile hinkwenu xana ke? Lowu hi wona nchumu lowu ndzi wu tivaka ngopfu. Miyelani hinkwenu, loko mi swi lava! 'William Muhluri, loyi mitirho ya yena yi tsakeriweke hi popu, u yisiwile ku nga ri khale hi Manghezi, lava a va lava varhangeli, naswona masiku lama ku hundzaka a va toloverile ku vutla ni ku hlula. Edwin na Morcar, tinghume-dhlana ta Mercia na Northumbria—'"

"Huu!" ku vula N'waXindzingiri hi ku rhurhumela.

"Mi vuyelela nakambe!" ku vula N'waKondlo, a visingarile kambe a endla wonge u rhulile: "U vulavurile xana?"

"A hi mina!" ku vula N'waXindzingiri, hi xihatla.

"A ndzi ehleketa leswaku u vulavurile," ku vula N'wa-Kondlo. "Ndzi ya emahlweni. 'Edwin na Morcar, tinghume-dhlana ta Mercia na Northumbria, ti n'wi bumabumerile; hambi ku ri Stigand, muangamerilonkulu wa Khantaberi, u swi vonile swi twala—'"

"Ku vona yini?" ku vula N'waSekwa.

"U vonile swona," N'waKondlo u hlamurile a hlundzukile swinene: "kambe u tiva leswi swi vulaka."

"Ndza tiva leswi swi vulaka leswi eneleke, loko ndzi kuma nchumu," ku vula N'waSekwa: "hi ku angarhela i ntlambya kumbe nxikwa. Xivutiso hi lexi, muangamerilonkulu u kumile yini?"

N'waKondlo a nga xi lemukangi xivutiso lexi, kambe u hatlile a ya emahlweni, "'—u vonile swi twala ku ya na Edgar Atheling ku ya hlangana na William leswaku va n'wi nyika harhi. Matikhomelo ya William eku sunguleni a ya ri xikarhi na le xikarhi. Kambe nkanhlonipho wa Tindhuna ta yena—' Se swi ku khoma njhani sweswi xirhandzwa xa mina?" u yile emahlweni, a karhi a hundzulukela eka Alice loko a vulavula.

"Ka ha tsakamiwa ku fana ni khale na khale," ku vula Alice hi rito leri kombisaka ku hela mbilu: "swi kombisa swi nga ndzi omisi hambi niswintsongo."

"Loko swi ri tano," ku vula N'waRhandzala a karhi a tlakuka, "Ndzi ni miehleketo ya leswaku nhlengeletano yi yimela kwala, hi yimela ku tekeriwa enhlokweni ka xihatla ka switshunxo leswi nga ni matimba yo antswa—"

"Vulavula Shangani!" ku vula N'waXigamana. "A ndzi tivi hambu ni xiphemu xa marito yo leha kukota yalawo, ku nga van a yini xin'wana, a ndzi tshembi leswaku na wena wa ma tiva!" N'waXigamana u khunarhile nhloko a tumbeta n'wayitelo wa yena: swinyanyana swin'wana swi hlekile leswi twalaka.

"A ndzi ta vula leswaku," ku vula N'waRhandzala hi rito ro komba ku khunguvanyeka, "xilo lexi nga hi omisaka hakunene i Mphikizano-wo-kala milawu."

"Mphikizano-wo-kala milawu i yini xana?" ku vutisa Alice; ku nga ri leswaku a lava ku tiva ngopfu, kambe N'wa-Rhandzala a miyerilenyana wonge a ehleketa leswaku ku ni un'wana la lavaka ku vulavula, naswona a swi nga tikombi leswaku ku ni loyi a lava ku vula nchumu.

"Hikokwalaho ka yini," ku vula N'waRhandzala, "ku swi endla hi yona ntsena ndlela yo antswa yo hlamusela hayona." (Naswona, hi ndlela leyi u nga lavaka ku ringeta hayona, ndzi ta ku byela hilaha N'waRhandzala a koteke hakona hi siku rin'wana ra vuxika.)

Xo sungula u tsalatsarile rivala ra mphikizano, ku endla xirhendzevutana ("xivumbeko xo hetiseka a xi na mhaka," u vurile sweswo), ivi hinkwavo va nghenisiwa erivaleni, laha ni lahaya. A ku ri hava leswaku "N'we, mbirhi, tsutsumani!" kambe a va sungula ku tsutsuma loko va swi lavile, va tlhela va tshika hi rhandza ka vona, lero a swi nga olovi ku tiva loko mphikizano wu herile. Hambiswiritano, loko va tsutsumile hafu ya awara kumbe ku tlula naswona se va omile, N'waRhandzala u huwelerile leswaku "Mphikizano wu herile!" hinkwavo va hlengeletanile va n'wi rhendzerile va vutisa leswaku, "Kambe i mani la nga tlula hinkwavo?"

N'waRhandzala a a nga ta hlamula xivutiso lexi ku ri hava ku dya marhambu ya nhloko, naswona u yimile eka nkarhi wo leha a khomile gomo hi xintihwana (endhawini leyi mi talaka ku vona Shakespeare a tikhomile eka swifaniso swa yena), kasi lavan'wana va yimele va lo,whii! Eku heteleleni N'waRhandzala u te "Hinkwenu mi tlurile naswona hinkwe-nu mi fanele ku kuma masagwadi."

"Kambe i mani la nga ta nyika masagwadi?" ku vutisa lavan'wana wonge a ko va khorasi.

"Hikokwalaho ka yini, hi yena-ka," ku vula N'waRha-ndzala, a kombetela eka Alice hi ritiho, ivi ntlawa hinkwawo wu n'wi rhendzele, wu huwelela leswaku, "Masagwadi! Masagwadi!"

Alice a a nga ha tivi xo xi endla, ivi hi ku heleriwa a veka voko exikhwameni a humesa xibokisana xa swimbhundzwa (thomo ra kona a swi nga ngheniwanga hi mati ya munyu), ivi a va nyika tanihi hi masagwadi. Un'wana ni un'wana u kumile xiphemu xa yena hikuva a swi ringanele hinkwavo ku kwatsa.

"Kambe na yena u fanele a kuma sagwadi na yena, ma vona," ku vula N'waKondlo.

"Ina," ku hlamula N'waRhandzala hi matimba. "Wa ha ri na yini xin'wana exikhwameni xa wena?" a karhi a hundzulukela eka Alice.

"Ku lo lasa xisirhelelo xa titiho ntsena," ku vula Alice a visingarile.

"Tisa haleno," ku vula N'waRhandzala.

Hinkwavo va n'wi rhendzerile nakambe, kasi N'waRhandzala a ri karhi a n'wi nyiketa xisirhelelo xa titiho, a ku "Ha kombela leswaku u amukela xisirhelelo xa titiho xo saseka swongahsi," ivi loko a hetile mbulavulo wa yena wo koma, hinkwavo va bile mikulungwani na swivuvutani.

Alice u ehleketile leswaku swilo hinkwaswo se swi yime hi nhloko, kambe hinkwavo a va lo n'wi, nhwii lero a nga koti no hleka; nakambe leswi a a nga hleketi ku vulavula nchumu, u

lo khorhamisa nghohe a amukela xisirhelelo xa titiho, a nga
hleki hambi nikan'we.

Lexi nga ta landzela a ku ri ku dya swimbhundzwa: leswi
swi vangile huwa ni hansahansa hikuva swinyanyana
leswikulu a swi n'unun'uta swi ku a swi twangi nchumu, kasi
leswintsongo a swi vindziwa swi tlhela swi biwa hi le
mihlaneni. Hambiswiritano, swi fikile makumu ivi va tshama
nakambe eka xirhendzewutana va kombela N'waKondlo
leswaku a va byhela swin'wana swo tala.

"U tshembisile ku ndzi byela xitori xa wena, wa tiva," ku
vula Alice, "naswona hikokwalaho ka yini u zondha—X na
M," u engeterile hi ku hlevetela, hi tlhelo a chava leswaku u
ta khunguvanyeka nakambe.

"Xitori xa mina xi lehi naswona a xi tsakisi!" ku vula
N'waKondlo, a karhi a hundzulukela eka Alice hi ku phofula.

"I ncila wo leha, himpela," ku vula Alice, hi ku languta hi
ku hlamala eka ncila wa N'waKondlo; "kambe hikokwalaho
ka yini u vula leswaku a xi tsakisi?" U arile a karhi a hlamala

hi swona kasi N'waKondlo a karhi a vulavula, leswaku
mongo wa xitori xa yena wu tani wonge hileswi:—

"Hlundzukani u
   byerile N'waKondlo
      loyi a hlangani
         na yena endlwini
            leswaku, 'A hi ye
               ekhoto hinkwerhu
                  naswona ndzi ta
                     ku tengisa.—
                Tana, a
              ndzi nge
            ali: hi
         fanele
       hi kuma
     nandzu
   hikuva
  mixo lowu
  a ndzi na
  xo endla.'
    Ku vula n'wako-
      ndlo eka N'wa-
        Kondlo, nadzu
          wo taniki lowu
            Nkulukumba
              wo rhandzeka
                wo huvo
                  kumbe kala
                    muavanyisi
                      ku ta va ku
                  huha hi
                nkarhi.'
             'Ndzi ta
          va mua-
       vanyi-
       si,' ku
       vula
       mukhe-
        gula
         Hlundzu-
          kani:
             'Ndzi ta
               ava-
               nyisa
               mhaka
             hinkwa-
           yo na-
         swona
       ndzi ta
     ku gwe-
    vela
  rifu.'

"A u ti!" ku vula N'waKondlo a byela Alice hi matimba. "U ehleketa yini?"

"Vulavula nakambe," ku vula Alice hi ku titsongahata: "se u fikile enjhikweni ya vuntlhanu, ndza tshemba?"

"A ndzi si fika," ku rila N'waKondlo, a hlundzukile.

"Fundzu!" ku vula Alice, a tilunghiselele ku va munhu la a pfunaka mikarhi hinkwayo, a lo n'wi nhwii. "Oo, tshika ndzi ku pfuna ku chucha fundzu!"

"A ndzi nga ta endla swa muxaka lowu," ku vula N'wa-Kondlo, a tlakuka a famba. "U ndzi rhuketela hi ku vulavula thyaka mani!"

"A ndzinga vuli swona!" ku vula Alice, mbuyangwana. "Kambe a u hlweli no khunguvanyiseka, wa tiva!"

N'waKondlo u lo rhanela enhlamulweni ya yena.

"Wa nga vuya, u ta hetisa xitori xa wena man!" Alice u vitanerile n'wakondlo. Van'wana hinkwavo va pfumerile hi risimu ra chela, "Ina, vuya man!" Kambe N'waKondlo u hlakahlile nhoko ya yena hi ku hela mbilu ivi a famba hi rivilonyana.

"Swi nyumisa njhani kuri a nge tshami!" ku hlevetela N'waXindzingiri, loko a vona leswaku N'waKondlo se a a nga ha vonaki.

N'waMakakayile wo khosahala u kumile thomo ro byela n'wana wayena leswaku "Aa, xirhandzwa xa mina! Leswi a swi tise dyondzo eka wena leswaku u nga tshuki u hlu-ndzuka!"

"Tikhome ririmi, manana!" ku vula n'wamakakayile lontsongo hi ku hatlanyana. "U enerile ku va u leha mbilu!"

"Loko wonge Dinah a o va kwala, ndza tiva leswaku a ndzi ta swi kota!" ku huwelela Alice, a nga kongomisi eka munhu wo karhi. "U ta n'wi lava a n'wi vuyisa ku nga ri khale!"

"Kambe Dinah i mani, ndzi nga lava ku vutisa xivutiso lexi?" ku vula N'waXindzingiri.

Alice u hlamurile a tsakile, hikuva a tshama a lunghiselele
ku vulavula hi ximanga xa yena: "Dinah i ximanga xa hina.
Naswona xi pfuna ngopfu eka ku khoma makondlo, u nge
tshembi! Oo, ndzi navela leswaku u xi vona xi hlongorisa
swinyanyana! Hikokwalaho ka yini, xi tad ya xinyanyana
xintsongo hi nkarhi lowu xi langutanaka na xona!"
Mbulavulo lowu wu khumbile xiviri xa ntlawa wa
swinyanyana. Swinyanyana swin'wana swi lo vheta swi
nyamalala: N'waMaxindzani wa mukhalabye u songasongile
hi vutswatsi a vula leswaku, "Ndzi fanele se ndzi karhi ndzi
fika ekaya; swinyanyana swa vusiku a swi yelani na nkolo wa
mina!" N'waMatengu u vitanile vana va yena hi ku rhurhu-
mela, a ku "Tanani, vananga! I nkarhi lowu se a mi fanela ku
va mi etlerile!" hikokwalaho ka swivangelo swo hambana-
hambana, va sukile hinkwavo ivi Alice a sala a ri yexe.

"Loko a ndzi nga vulavula hi ta Dinah!" u tibeyrile hi thoni
yo twisa vusiwana. "A ku na loyi a n'wi rhandzaka haleno
hansi, ndza tshemba leswaku hi yena ximanga xo tlula
hinkwaswo emisaveni! Oo, xirhandzwa xa mina Dinah! A
ndzi tshembi loko ndza ha ta ku vona futhi!" Mbuyangwana
Alice a sungula ku rila nakambe, hikuva a khomiwile hi
xivundza no helela hi ntsako. Hambiswiritano, endzhaku ka
xinkadyana, u twile swigimo swa ha ri kulenyana ivi a
langutela hi ntsako leswaku N'waKondlo a cincile miehleketo
ya yena naswona a vuyela ku ta hetisa xitori xa yena.

NDZIMA IV

N'waMbila a Rhumela Xipapilwana

Loyi a ku ri N'waMbila wo basa loyi a tsutsuma swintsongo a karhi a vuya nakambe a langutalanguta hi tihlo ra tin'hwembe wonge a a lo lahla swin'wana, u n'wi twile a karhi a vulavula a ri yexe, "Mufumi wa xisati! Mufumi wa xisati! Oo marhuva ya mina yo rhandzeka! Mavoya ni malebvu ya mina! U ta ndzi kuma ndzi dlayiwile mina, leswi miforho ku nga miforho, ndzi nga va ndzi ma wisele kwihi xana, a ndza ha tivi?" Alice u lo ehleketelela leswaku a nga va a ri karhi a lava feni ni madlilavhu-vuhlangi mambirhi hi mahlongati kambe a ma nga ha kumeki—swilo hinkwaswo a swi tikomba swi cincile ku sukela laha a nga hlambela exidziveni na holo yikulu leyi nga ni tafula ra nghilazi na xivantana, a swi nyamalalerile makumu.

Hi ku copeta ka tihlo N'waMbila u vonile Alice loko a ya ku hloteni hiloko a n'wi vitana hi rito leri kombaka ku hlundzuka, "Hikokwalaho ka yini u ri kwalaho wena Mariya Ann? Tsutsuma u ya ndlwini hi nomu lowu u ya lava

36

madlilovhu ya mina na feni! Hatlisa sweswi!" Alice a a chuhwile lero u na twa sweswo a vhela a tsutsuma hi tlhelo leri n'wambila a kombeteleke ka rona, a nga ringeti ku hlamusela xihoxo lexi a a xi endlile.

"A a vona wonge ndzi mutirhi wa yena," a tibyela sweswo a ri ku tsutsumeni. "U ta hlamala njhani loko a ta vona leswaku hi mina mani! Kambe swa antswa ndzi ya n'wi tekela feni ni madlilovhu swa yena—hiloko ndzi swi kuma." Loko a ri ku vulavuleni leswi, u humelerile laha a ku ri na xiyindlwana xintsongo lexi enyangweni wa xona a ku ri ni ndyelo ya nsimbi leyi a yi tsariwile vito "N'WAMBILA WO BASA". U lo nghena a nga gongondzangi a gonya hi switepisi hi ku chava leswaku a nga ta hlangana na Matiya Ann wa xiviri, ivi yena a ta hlongoriwa a nga si kuma feni na madlilovhu.

"Swi jila njhani," ku tivutisa Alice, ku fambisa mahungu ya n'wambila! Ndza tshemba Dinah u ta ndzi rhumela mahumgu hi karhi lowu taka!" u sungurile ku rhandza swilo leswi a swi nga kota ku humelela: "'Sesi Alice! Tana haleno u nga jikajiki, u lunghiselela rendzo ra wena!' 'Ndza ta ku nga ri khale, muongori! Kambe ndzi fanele ku langutisisa khele leri ra makondlo ku kala Dinah a vuya, ndzi vona leswaku n'wakondlo a nge ku humi laha.' Ntsena a ndzi ehleketi," ku yisa emahlweni Alice, "vata endla leswaku Dinah a yima kwalomu ndlwini loko a sungula ku lerisa vanhu hi mukhuva lowu!"

Hi nkarhi lowu a a kumile nyangwa wo nghena eka xiyindlwana lexi basisiweke ku ri na tafula efasitereni, na swona eka rona (tanihi ku ehleketa ka yena) a ku ri na feni na madlilovhu ya mune kumbe tsevu: u tekile feni na madlilovhu mambirhi, ivi loko se a huma a hlangana ni bodhlela leri a ri ri kusuhi na xivoni. Sweswi a ku nga tsariwanga marito ya "NDZI NWE", kambe u ri pfurile a veka enon'weni wa yena swi ri tano. "Ndza swi tiva nchumu

lowu tsakisaka wu ta humelela hakunene," u tibyerile, "loko
ndzo dya kumbe ku nwa xan'wanchumu; se ndzi lava ku vona
leswaku bodhlela leri ri ta endla yini. Ndza tshemba leswaku
ri ta endla leswaku ndzi kula nakambe hikuva se ndzi karhele
ku va nchumu lowuntsongo ngopfu kukota leswi!"
Swi ve tano hakunene, a nga swi ehleketelelangi: a nga se
nwa hafu ya bodhlela, u twile nhloko ya yena se yi gemba
lwangu, lero a swo boha a khinsamela leswaku a nga tshoveki
nhamo. U hatlile a veka bodhlela ehansi, a tibyela leswaku
"Swi ringene—ndza tshemba a ndza ha kuli ku hundza leswi
ndzi nga xiswona—tanihileswi swi nga xiswona, a ndza ha
koti ku huma enyangweni—loko a ndzo ka ndzi nga tlulangi
xikalo!"
Khombo ra mina! Se a swi nga ha pfuni nchumu ku navela
leswi! U arile a ri karhi a kula, hi ku anghwetla lero a swo
boha a khinsama ehansi: hi xinkadyana a ka ha ri hava
ndhawu ya swona leswi, u ringetile ku etlela hansi a khumbile
rivanti hi xikokola, kasi voko lerin'wana ri tsonderile nhloko.
U arile a karhi a kula hambiswiritano, kambe matshala-
tshala ya yena yo hetelela a ku ri ku veka voko rin'wana
ehandle ka fasitera, na nenge wun'we wu landza mphongolo
wa musi, ivi a tibyela leswaku "sweswi a ndzi helele hi mano,
leswi humelelaka a swi humelele. Ku ta humelela yini hi
mina?"
Njombo ya kona, matimba ya xibodhlelana lexiya ya fikile
makumu ivi a yima ku kula: hambiswiritano leswi a swi nga
tsakisi, se a swi tikomba leswaku a ka ha ri na mahumelo eka
yindlu leyi nakambe. Hikokwalaho ka leswi a nga ha dyi byi
rhelela.
"Ekaya a swi nyawula," ku ehleketa Alice mbuyangwana,
"laha munhu a nga kuliki no tsongahala, no lerisiwalerisiwa
hi makondlo na timbila. Ndza tilaya leswaku loko a ndzi nga
nghenangi ekheleni leriya ra mbila-kambe—kambe swa
tsakisa ku lavisisa swot ala evuton'wini lebyi! Ndza pfumala

leswaku a ku ta ku humelerile yini eka mina! Loko ndza ha hlaya mitsheketo ya swigono, a ndzi ku swilo swo tani a swi humeleli, kambe vonani, namuntlha ndzi le ndzeni ka swona! Ku fanele ku va na buku leyi tsariwaka henhla ka mina, swo boha! Loko ndzi kurile, ndzi ta tsala yin'wana—kambe sweswi ndzi kurile," u tlhandlekerile hi rito ro twisa vusiwana, "laha a ka ha ri na ndhawu yokula kutlula kwala."

"Kambe ke," ku ehleketa Alice, "a ndza ha kuli ku tlula leswi ndzi nga xiswona sweswi? Ku nga va ku timiyeta, hi ndlela yin'wana—a ndzi nga ta va xikoxa xa wansati—kambe ku ta va ni leswo dyondza mikarhi hinkwayo! Oo, a ndzi fanelangi ku hleketa hi ndlela leyi!"

"Oo, Alice domu ndziwena!" u tihlamurile. "u nga dyondzisa ku yini kwala? Hikokwalaho ka yini, a ku na ndhawu ya wena laha naswona a ku na ndhawu ya tibuku ta tidyondzo!"

U yile emahlweni a teka tlhelo leri ivi a tlulela eka lerin'wana, a tiendlela bulo hi swona; kambe endzhaku ka xinkadyana u twile rito ehandle a yima leswaku a yingisela.

"Mariya Ann! Mariya Ann!" ku vula rito. "Ndzi lavele madlilovhu sweswi!" Ivi ku twakala mpumawulo wa swigimo

hi le henhla ka malerha. Alice u swi tivile leswaku a ku ri
N'waMbila loyi a a ta ku n'wi laveni, u rhurhumerile ku
kondza a ninginisa yindlu, a rivala leswaku se a petsa
N'waMbila hi gidi rin'we, lero a nga fanelanga ku n'wi chava.

Hi nkarhi wowalowo N'waMbila u ringetile ku pfula
rivanti, kambe leswi a ri pfulekela endzeni u tsandzekile
hikokwalaho ka xikokola xa Alice lexi a xi ri tshikelele hi
matimba. Alice u twile N'waMbila a vulavula a ku "Loko swi
ri tano ndzi ta rhendzeleka ndzi ya nghena hi fasitere."

"Sweswo u nge swi koti!" ku ehleketa Alice, naswona loko
a yimilenyana u twile N'waMbila a ri ehansi ka fasitere ivi a
tshambulutela voko ra yena emoyeni a ringeta ku n'wi vutla.
A nga khomanga nchumu, kambe u lo twa ku cema
kuntsongo ni ku wa, na ku mpfumawulo wa ku fayeka ka

nghilazi, leswi n'wi ehleketiseke leswaku a nga va a wele eka freme ya xivumbeko xa rhakarhaka kumbe swin'wana swo tano.

Ku landzele rito leri hlundzukeke—a ku ri N'waMbila— "Pat! Pat! U kwihi xana?" Ivi ku ta rito leri a nga se tshamaka a ri twa ri ku "I ntiyiso sweswi ndzi kwala! Ndi cela maapula muchaviseki!"

"Ku cela maapula hakunene!" ku vula N'waMbila hi ku hlundzuka. "Kwala! Tana u ta ndzi pfuna ku eka leswi!" (Ku twakala mpfumawulo wun'wana tinghilazi leti fayekeke.)

"Se ndzi byele, Pat, i ncini lexiya efasitereni?"

"Impela i voko, muchaviseki!" (A swi twarisa hi ndlela yin'wana.)

"U r i voko, wena! I mani a nga tshama a vona voko ro kurisa xileswi? Hikokwalaho ka yini ri tata fasitere!"

"Impela ra tata, muchaviseki: kambe i voko ra hinkwaxo lexiya."

"A xi na fanelo ku va kona lomuya: famba u xi humesa!"

Ku ve ni ku miyela nkarhi wo leha endzhaku ka leswi, Alice a wo twa ku hlevetela laha ni lahaya, ko tanihi loku," A ndzi swi lavi muchaviseki, hambi nikan'we, hambi nikan'we! Endla leswi ndzi ku leriseke, toya ndziwena!", eku heteleleni u tshambulutile voko ra yena emoyeni nakambe a ringeta ku vutla. Hi nkarhi lowu ku twakarile ku cema ka michumu yimbirhi ni mipfumawulo ya ku fayeka ka tinghilazi. "Ku nga va ni tifreme tingani ta muxaka wa rhakarhaka!" ku ehleketa Alice. "Ndza pfumala kuri vat a endkla yini xin'wana! Tanihi ku ndzi koka hi le fasitereni, ndzo navela ntsena loko va swi kota! Ndzi tiyisile leswaku a ndza ha lavi ku tshama ku fika rini!"

U yimilenyana a nga ha twi nchumu: eku heteleleni u twile mpfumawulo wa mavhilwa ya xigolonyana, ni marito yo saseka lama a ma vulavula swin'we: u humesile marito lama: "Rin'wana lerha ri kwihi xana?—Hikokwalaho ka yini ndzi

nga tisangi run'we. Bill u na rin'wana—Bill! Ri lave kwala,
we jaha!—Kwala, ma veke henhla ekhonweni leyi—Ee,
sungula u ma boha ndhawu yin'we—a ma si fikelela hambi ni
le xikarhi—Oo! ma ta lungha. U nga kongomi—Kwala Bill!
Khomelela ntambhu leyi—Lwangu ri ta tiyisela ke?—
Basopa xiphepherhele lexi nembelekaka—Oo, xi le ku weni!
Tinhloko ehansi!" (hi huwa yikulu ya ku wa)—"Swi endle hi
mani leswi?—I Bill ndza vona—I mani la nga rhelela hi
mphongolo?—Ee, ndzi nge swi koti! Wena swi endle!—
Sweswo ndzi nge endli!—Bill u fanele a rhelela ehansi—
Kwala Bill! Hosi yi ri u fanele ku rhelela hi mphongolo!"

"Oo! Se Bill u fanele a chika hi mphongolo, u chikile na?"
Alice a tibyela. "Hikokwalaho ka yini va veka hinkwaswo
enhlokweni ya Bill! A ndzi nga ta va endhawini ya Bill hi
xivangelo xo karhi: xitiko lexi xi larile ku vula ntiyiso; kambe
ndza ehleketa leswaku ndzi nga xi raha kantsongo!"

U fambisile nkondzo wa yena hi mphongolo ivi a yima ku
kondza a twa xihadyana xin'wana (a nga koti ku kumbetela
leswaku i xa njhani) xi karhi xi halahala no lwela ku
tihanyisa kwalomo ka mphongolo ehenhla ka yena: ivi a
tibyela a ku "I Bill loyi," a raha kan'we hi matimba a yimela
ku vona leswaku ku ta humelela yini.

U sungurile hi ku twa khorasi leyi nge "Bill hi loyiya se wa
famba!" ivi rito ra N'waMbila a ri yexe—"N'wi khomeni
n'wina va nga le kusuhi na rihlampfu!" ivi ku va ni ku miyela,
ku tlhela ku van a mpfulungano wa marito—"Khomani
nhloko ya yena—I byala se makuno—Mi nga n'wi dlidli-
mbeti—A swi ri njhani minghana wa khale? Ku humelerile
yini eka wena? Hi byele hi swona!"

Ku hetelerile hi ku twakala ka rito ro tsana, ro lala ("I
Bill," ku ehleketa Alice), "Se ndzi tivela kule—A ndza ha
engeti, inkomu; ndza antswa sweswi—kambe ndza ha
pfilunganyekile ku ku va ndzi ku byela sweswi—lexi ndzi
tivaka i ku swilo swin'wan swi ta ka mina tanihi Jeke-

exibokisanini, ivi ndzi ya
ehenhla tanihi
xihahampfhuka!"
"Se u endlile ke munghana
wa khale!" ku vula lava-
n'wana.
"Hi fanele hi hisa yindlu!"
ku twakala rito ra N'wa-
Mbila. Alice u huwelerile hi
matimba hinkwawo, "Loko
mi endla sweswo ndzi ta mi
tisela Dinah!"
Ku ku whii, ka xinkadya-
na, Alice a ehleketa a ri yexe,
Ndza hlamala kuri vat a
endla yini xin'wana! loko a
va thlarihile a vat a susa lwa-
ngu." Endzhaku ka xinka-
dyana, va sungurile ku rhe-
ndzeleka-rhendzelaka naka-
mbe, ivi Alice a twa N'wa-
Mbila a ku "Barha ri ta
endla ku sungula hi rona."
"Barha ra *yini*?" ku
ehlekta Alice. U kanakanile
hi ku vona swiribyana leswi a
swi nghena hi le fasitereni,
swin'wani swi karhi swi n'wi
ba emahlweni. "Ndzi ta swi
herisa leswi," a a tibyela leswi ivi a huwelela a ku mi nga ha
engeti sweswo!" leswi tiseke ku miyela nakambe.
Alice u swi lemukile leswaku swiribyana leswi a swi
hundzuka swikhekhana loko swi wela ehansi, miehleketo ya
vutlhari yi nghenile enhlokweni ya yena. "Loko ndzo dya

swikhekhana leswi, impela swi ta cinca xiyimo xa miri wa mina tanihileswiswi nga ha ndzi kurisiki, swo boha ndzi tsongahala, ndza vona."

U mitile xin'we xa swikhekhana leswi, ivi a tsakisiwa hi ku vona a khanyana hi ku hatla. Loko a vona se a ri ka xiyimo xo kota ku ringana enyangweni, u balekile endlwini ivi a kuma ntlhambi wa swihadyana na swinyanyana swi n'wi yimelerile ehandle. Mbuyangwana N'waPulundzwani, Bill a ri exikarhi a khomiwile hi masengasni mambirhi, lama a ma n'wi nyika swin'wana hi bodhlela. Va tsutsumerile eka Alice loko a ku humelelo! Kambe u panile sikisi hilaha a koteke hakona, ivi se a tikuma a hlayisekile ekhwatini.

"Xo sungula lexi ndzi faneleke ku xi endla" ku tibyela Alice, a ri karhi a chochovela ekhwatini, "i ku kulak u ya eka xiyimo xa mina xa kahle nakambe; xa vumbirhi i ku kuma ndlela yo ya entangeni liya yo rhandzeka swonghasi, ndza tshemba i kungu ra kahle."

A swi twala ku ri kungu ra kahle swinene, ehandle ko kanakana ri basile naswona ri kunguhatiwile kahle; xiphiqo hi lexi, a a ri hava hambi ni mano ya leswaku u ta swi endlisa ncini; nakambe loko a ha languta misinya hi nyanyuko, xihatana xo tontswa lexi a xi ri tlhelo ra le henhla ka nhloko ya yena xi endlile leswaku a languta ehenhla hi ku hatla.

Dyimbyanyana dyikulu a dyi langutile hansi hi mahlo makulu wonge i tinhulwana, dyi karhi dyi loloha ku tshambuluta rhuva ra dyona dyi ringeta ku n'wi khoma. "Mbuyangwana nchumu wuntsongo swonghasi!" ku vula Alice, hi rito ro koka rinoko, a ringeta hi matimba ku wu chayela noti; kambe a chava ngopfu leswaku siku rin'wana wu na ndlala, lero wu nga tshuka wu lava ku n'wi dya swi nga khataleki leswaku yena a wo tihuhela ntsena.

A nga twisisi ni leswaku u rholile xijumbana xa tinhi lexi a
kombetele eka ximbyanyana hi nkarhi muni: ximbyana xi
tlurile hi milenge hinkwayo hi ntsako xi kongomile xijumba
xa tinhi leswi a nga ehleketa leswaku swi nga va swi n'wi
kanganyisile: ivi Alice a tumbela endzhaku ka xijumbana
leswaku xi nga n'wi weli ehenhla; loko a tikuma a ri ka tlhelo
rin'wana, ximbyanyana a xi tsutsumela eka tinhi xi ringeta
ku ti khoma: loko Alice a vona wonge ko va ntlangu a
xigolonyana na haci, a langutela ku kandziyeriwa hi xona a
rhendzeleka hi xijumba nakambe: ivi ximbyanyana xi
sungula ku jamela rinhi xi tsutsumelanya emahlweni xi
tlhelela endzhaku mpfhuka wo lehanyana xi vukulahi

45

matimba nkarhi hinkwawo, ku kala xi tshama ehansi hi le
kulenyana, xi hefemuteka na ririmi ri humile ehandle ka
nomo ni mahlo ya xona ma pfalekilenyana.

Lexi a xi ri xona xinkadyana xa kahle leswaku Alice a
baleka: u lo kakatsuku a tsema no yi vona, a tsutsuma leriya
ro na ta tsutsuma ku kala a nga ha swi koti no hefemula
kahle naswona ku vukula ka ximbyanyana ku twakala se ku
ri kule swinene.

"A ku ri ximbyanyana xo rhandzeka xa njhani!" ku vula
Alice, loko a tikhigetile emurhini leswaku a wisa a ri karhi a
tipfurhetela moya hi matluka. "A ndzi naverile ku va ndzi xi
dyondzisile mahiri, ntsena loko a ndzi ri ni xivumbeko xa
kahle! Oo xirhandzwa! A ndzi ri kusuhi no rivala leswaku
ndzi fanele ndzi kula nakambe! Mi ri ndzi vona—swi koteka
njhani leswiyani? Ndza tshemba ndzi fanele ku dya kumbe
ku nwa xan'wanchumu; kambe xivutiso lexikulu i ku "I
yini?'"

Xivutiso lexikulu hakunene i ku "I yini?". Alice u halaharile
eka swiluvana ni mabyanyi kambe a nga voni nchumu lowu
lulameke ku nwiwa kumbe ku dyiwa eka xiyimo xo tanihi lexi.
A ku ri ni xikowa xikulu lexi a xi ri kujsuhi na yena, lexi a xi
lava ku ringana na yena hi ku leha; loko a languta ehansi ka
xona ni le matlhelo hinkwawo, na le ndzhaku u lavile no
langhuta ehenhla ka xona.

U tindlandlamuxile a yima hi swikun'wani, ivi a hlomela
ehenhla ka xikowa a hlanganisa mahlo ya yena ni ya tamani
lerikulu ra muhlovo wa wasi leri a ri tshamile ehenhla ri
khondlile mavoko, ri karhi ri dzaha fole ra muxaka wa
"hookah" ri nga voni na nchumu.

Switsundzuxo swa N'waTamani

'waTamani na Alice swi langutanile eka xinkadyana ku ri ni ku miyela: eku heteleleni N'waTamani ri susile fole enon'weni, ivi ri n'wi hlamula ri tigedhlile hi rito ro twisa na vurhongo.

"Hi *wena* mani?" ku vula N'waTamani.

Marito lama a ma nga nyiki ntshembo ku sungula hi wona. Alice u hlamurile hi ku nyumelanyana, "A—a ndzi tivi kahlekahle eka nkarhi lowu, Nkulukumba—kambe ndza nga tiva leswaku a ndzi ri mani loko ndzi pfuka nimpundzu, kambe ndzi ehleketa leswaku ndzi nga va ndzi cincile mikarhi yo tala ku sukela kwalaho."

"U vula yini hi sweswo?" ku vula N'waTamani ri nga hlekeleli. "Tihlamusele!"

"A ndzi koti ku tihlamusela, ndza chava Nkulukumba," ku vula Alice, "hikuva a ndzi mina, ma vona."

"A ndzi voni," ku vula N'waTamani.

"Ndza chava leswaku a ndzi koti ku swi hlamusela kahle," Alice u hlamusele hi ku titsongahata, "hikuva a ndzi titwisisi hi lexo sungula; naswona ku va ni vukulu yo hambana hi siku rin'we swi faya nhloko."

"A hi swona," ku vula N'waTamani.

"Kumbe a u se swi thumba hi wexe," ku vula Alice, "kambe loko loko a u ta hundzuka ku va xivungwana—siku rin'wana u ta swi tiva—ivi u ta ya eka phaphatana, ndza tshemba u twa swi karhi swi jilanyana, a hi swona?"

48

"Hambi ni swintsongo," ku vula N'waTamani.

"Matitwelo ya nga hambana," ku vula Alice; "lexi ndzi tivaka i ku eka mina swa jila."

"Wena!" ku vula N'waTamani. "Hi *wena* mani?"

Leswi swi va tlherisele eka bulo ra vona ro sungula. Alice a khunguvanyeka swintsongo hi ndlela leyi N'waTamani a hlamurisa hayona, ivi na yena a hlamula hi ku hela mbilu a ku "Ndzi ehleketa leswaku na wena u fanele u sungula u ndzi byela leswaku u mani."

"Hikokwalaho ka yini?" ku vutisa N'waTamani.

Hi lexi xivutiso xin'wana lexi hlamarisaka; tanihileswi Alice a ri hava xivangelo xa kahle na yena N'waTamani a tikomba a nga ri eka xiyimo xo tsakisa emehleketweni, u fularhele a famba.

"Vuya!" N'waTamani u huwelerile. "Ndzi ni swin'wana swa nkoka leswi ndzi lavaka ku vula!"

Leswi a endla wonge swo tshembisa hakunene. Alice u vuyile nakambe.

"U nga vi ni ximbilwambilwana," ku vula N'waTamani.

"Hi swona hinkwaswo?" ku vula Alice, a karhi a rheleta vukarhi hilaha a kota hakona.

"Ee," ku vula N'waTamani.

Alice u ehleketile leswaku a nga yimanyana leswi a a ri hava swin'wa swo endla, kumbexana a ta byeriwa swa risima.

Eka xinkadyana, N'waTamani a tidzahela fole ra yena a khondlile mavoko ivi a ta ri susa enon'weni a ku, "Se u hleketa leswaku u cincile leswi, a hi swona?"

"Ndza chava Nkulukumba," ku vula Alice, "a ndza ha tsundzuki swilo tanihileswi a ndzi swi endlisa xiswona khale—naswona a ndza ha heti timinitsi ta khume ndzi ri na xivumbeko xo ringana!"

"Ku tsundzuka *yini*?" ku vutisa N'waTamani.

"Swi kahle, ndzi ringetile ku vula leswaku *'Nyoxi ya migingiriko yi swi endlisa ku yini'*, kambe swi ta swi hambanile!" ku hlamula Alice hi rito ro tsokombela.

"Vuyelela, *'U dyuharile Tatana William'*," ku vula N'waTamani.

Alice u khondlile mavoko ya yena a sungula ku vula leswi:—

"U dyuharile Tatana William," ku vula wajahanyana,
"Na misisi ya wena yi basile;
Kambe wa ha yima hi nhloko ya wena—
U ehleketa leswaku swi kahle sweswi hi ntangha ya wena?"

"Enon'weni wa mina," Tatana William u hlamurile
n'wana wa yena,
"A ndzi chavela leswaku swi nga dlaya byongo;
Kambe sweswi ndzi ni ntiyiso leswaku a ndzi nchumu,
hikokwalaho ka yini ndzi swi endla nakambe."

*"U dyuharile," ku vula lontshwa, "tanihileswi ndzi vuleke
   eku sunguleni,
Naswona ndzi nonisile ku tlula mpimo;
Kambe u tlurile hi xindzhakwandzhakwani enyangweni—
Khongela, i yi xivangelo xa leswi?"*

*"Evutshweni bya mina," ku vula mukhalabye a karhi a
   dzungudza misisi yo sohana,
"ndzi hlayisile swirho swa hinkwaswo swi ri leswi oloveke
Hi ku tirhisa mafurha lawa—i cheleni xibokisana—
Ndzi pfumele ndzi ku xaviselanyana?"*

"*U dyuharile,*" *ku vula lontshwa, naswona tinhlaya ta*
   wena ti tsanile
Ku phorha leswo nonoha;
Kambe u hetile sekwa ni marhambo na nomo wa rona—
Khongela, u swi endlisile ncini?"

"*Evutshweni byanga,*" *ku vula papa wa yena, A ndzi*
   landzela nawu,
Ndzi kaneta timhaka hinkwato na nsati wa mina;
Leswi ndzi tiyiseke tinhlaya ta mina,
Leswaku ti tshama vutomi bya mina hinkwabyo."

"U dyuharile," ku vula lontshwa, "munhu a nge swi
    tshembi
Leswaku tihlo ra wena a ri nga tsutsumatsutsumi ku suka
    khale;
Kambe nhompfu ya wena ya ha tiyile—
I ncini lexi ku tlharihiseke?"

"Ndzi hlamurile swivutiso swinharhu naswona swi
    ringene,"
Ku vula tatana; "u nga ti tinyiki mimoya!
U tshemba ndzi nga yingisela mabulo yo tani dyambu
    hinkwaro?
Suka laha ndzi nga se ku raha u wa hi switepisi!"

"A swi kahle," ku vula N'waTamani.

"A swi kahle hakunene, ndza chava," ku vula Alice, hi ku chava: "marito man'wana ya cincile."

"Swi bihile ku suka emasungulweni ku ya fika emakumu," ku vula N'waTamani hi ku hleketa kahle, ku va ni ku miyelanyana.

N'waTamani hi yena a nga ta sungula ku vulavula.

"U lava ku va mukulu ku fika kwihi?" u vutisile.

"Oo, a ndzi kongomi eka vukulu byo karhi kambe munhu a nga swi lavi ku haamba a cincacinca wa vona" ku hlamula Alice."

"A ndzi tivi," ku vula N'waTamani.

Alice a nga vulangi nchumu: a nga si tshama a kanetiwa ngopfu evuton'wini bya yena lero a twa se a hela mbilu.

"Se u xurhisekile ke?" ku vutisa N'waTamani.

"Swi kahle, ndzi lava ku kulanyana, nkulukumba loko mi nga vilely," ku vula Alice: "tiinchi tinharhu a ti pfuni nchumu."

"I ku leha kahle ngopfu!" ku hlamula N'waTamani a hlundzukile, a karhi a yima (yena a lehile tiinchi tinharhu).

"Kambe a ndzi swi tolovelangi!" ku xavelela Alice a karhi a twisa vusiwana. "Ndza tshemba swiharhi a swi fanelangi ku kwata hi swilo swintsongo!" a karhi a tihleketela a ri swakwe.

"U ta tolovela hi nkarhi," ku vula N'waTamani a karhi a dzaha nakambe.

Hi nkarhi lowu Alice u miyele ku kala N'waTamani a sungula ku vulavula nakambe. N'waTamani u susile fole enon'weni ivi a ahlamula kambirhi a tidzinginisa. U chikile eka xikowa, a kasa a ngehna emabyanyini a tifambela. A vula leswaku, "Tlhelo rin'wana u ta leha kasi hi tlhelo lerin'wana u ta koma."

"Tlhelo ra *yini*? Rin'wana tlhelo ra *yini*?"

"Ra xikowa, ku hlamula N'waTamani a karhi a nyamalala, wonge a lo vutisiwa hi ku huwelela.

Alice u sele a langutile hi ku entisa mehleketo eka xikowa, a ringeta ku vona leswaku hi wahi matlhelo mambirhi ya xona; xona a xi endlile xirhendzewutana, u kumile xivutiso lexi xi n'wi tikela ngopfu. Hambiswiritano eku heteleleni u ndlandlamuxile mavoko ya yena a rhendzela xikowa ku fika laha ma helelaka kona. "Se swona hi swihi?" u tibyerile, a ringeta hi tlhelo ra voko ra xinene. Hi xinkadyana lexi landzelaka u twile xibakela lexi tika hi le xilebvini xa yena: A xi bile nkondzo wa yena!

U tshukilenyana hi ku cinca loku ka xihatla, lkambe u swi twile leswakua a ku ri hava nkarhi wo lahleka hikuva a khanyana hi xihatla: se u lunghiselele ku dya swin'wana a swi sele. Xilebvu xa yena a xi ri kusuhi swinene ni nkondzo wa yena, lero a swi tika ku pfula nomo wa yena; kambe u swi endlile ro hetelela a swi kota ku mita xiphemu lexi a xi sele eximatsini.

* * * * *
* * * *
* * * * *

"Tana, nhloko ya mina yi tshunxekile eku heteleleni!" ku vula Alice hi n'wayitelo, leswi chaviseke loko a vona leswaku a nga ha ri na makatla: naswona a a ku loko a languta ehansi a vons leswaku a a ri ni dyinkolo dyo leha, ledyi a dyi tlakuka ku fana ni rinhlanga ra eka lwandle ra matluka ya rihlaza lama andlariweke ehansi ka yena.

"Lexa rihlaza ku nga va ku ri yini xana?" ku vula Alice. "Naswona makatla ya mina ma ye kwihi na? Oo, vambuya-ngwana, mavoko ya mina a ndza ha mi voni? A ma fambi-safambisa loko a vulavula, kambe a ku a nga ri na mbuyelo, ehandle ka ku dzinginikanyana ka matluka ya rihlaza hi le kule.

Tanihileswi a ku nga ha ri na maendlelo yo tisa mavoko ya yena enhlokweni, u ringetile ku yisa nhloko eka wona ivi a tsakisiwa hi ku vona leswaku nkolo wa yena a wu swi kota ku jika wu ya eka tlhelo rin'wana na rin'wana. U swi kotile ku yi jikajikisa yi gombonyoka lero a kota ku nghena hi nhloko eka matluka lama a nga ta kuma leswaku a ku nga ri nchumu kambe a ko va tinhlohlorhi ta misinya leyi a a chochovela eka yona, laha a nga twa ku kasa ka matimba a tlhelela endzhaku hi xihatla. Tuva lerikulu a ri hahela emahlweni ka yena ri karhi ri n'wi ba hi timpapa ta rona.

"Nyoka!" ku cema ka N'waTuva.

"A ndzi nyoka mina!" i Alice a natswa tilo. "Ndzi tshike!"

"Nyoka, ndzi vula sweswo nakambe! Ku vuyelela N'waTuva, kambe hi rito leri tshikileriweke, "ndzi ringetile tindlela hinkwato, kambe a ku na na yin'we leyi yelanaka na swona!" "A ndzi tivi leswi u vulavulaka hi swona," ku vula Alice.

"Ndzi ringetile timitsu ta misinya, ndzi ringeta ehlalukweni, ni swiluvana," N'waTuva u yile emahlweni a nga n'wi yingiseli, "kambe tinyoka letiya! A ku na swa ku titsakisa!"

Leswi swi nyanyile ku hlamarisa Alice, kambe u vonile leswaku a swi nga pfuni nchumu ku vulavula ku kala N'waTuva a heta ku vulavula.

"Wonge a ndzi hluphekangi ku tlhotlhorha matandza," ku vula N'waTuva; "kambe ndzi fanele ku tlharihela tinyoka vusiku na nhlikanhi! Hikokwalaho ka yini, a ndzi zanga ndzi byi natswa vurhongo mavhiki manharhu lama hundzeke!"

"Ndza ku twela leswaku u khunguvanyisiwile," ku vula Alice, loyi se a sungula ku twisisa leswi swi vuriwa hi N'waTuva.

"Ndzi hlawurile ni murhi wo leha ekhwatini," ku yisa emahlweni N'waTuva a karhi a tlakusa rito, "nakambe a ndzi ehleketa leswaku ndzi ta tshunxeka kambe wonge to wa hi le tilweni! Haa! Nyoka!"

"Kambe a ndzi nyoka mani, ndza ku byela!" ku vula Alice.

"Ndzi—ndzi—"

"Hi swona, u *yini*?" ku vutisa N'waTuva. "Ndza swi vona kuri u ringeta ku tumbuluxa swin'wana!"

"Ndzi—ndzi xinhwanyetana," ku vula Alice hi ku kana-kana loko a tsundzuka ku cinca loku a ku endlile siku leri. "Wonge xitori lexi nga vaka xa ntiyiso!" ku vula N'waTuva hi rito ro khola. "Ndzi vonile swinhwanyetana swotala evon'wini bya mina, ku nga ri leswi swo leha nkolo, ee! Ee, ee! U nyoka wena; naswona a swi pfuni nchumu ku kaneta. Ndza tshemba leswaku u ta ndzi byela leswaku a u se tshama u ringa matandza!"

"Ndzi ma ringile hakunene," ku vula Alice, loyi a a ri n'wana wo vula ntiyiso; "swinhwanyetana swi dya matandza wonge i tinyoka, wa swi tiva."

"A ndzi swi tshembi," ku vula N'waTuva; "loko swi ri tano hikokwalaho ka yini swi ri muxaka wa nyoka: hi swona ntsena leswi ndzui nga swi vulaka."

Leswi a ku ri makungu matshwa eka Alice lero u tekile xinkadyana a miyerile, leswi endleka leswaku N'waTuva a engeta a ku "U lava matandza wena, ndza swi tiva swinene; naswona swi ndzi nyika yini leswaku u xinhwanyetana kumbe nyoka?"

"Eka mina swi na nkoka," ku vula Alice hi xihatla; "kambe a ndzi lavi matandza, na loko swi endleka na loko a ndzi ri yona, a ndzi nga ta lava ya wena; A ndzi ma lavi ya ri mambisi futhi."

"Swi kahle suka ke!" ku vula N'waTuva hi ku kwata, a ri karhi a tshamiseka exisakeni xa yena. Alice a kasile exikarhi ka mirhi hilaha a kotaka hakona, hikuva nkolo wa yena a ewu endla leswaku kun'wana a phasiwa hi matluka, lero a hamba a yima a tisoholota leswaku a suka. Endzhaku ka nkarhi u swi tsundzukile leswaku a a ri na xikowa emavokweni, naswona u tirhile hi vukheta leswaku kun'wana a leha kasi

kun'wana a koma ku kondza a kota ku chika eka xiyimo ya
yena xa masiku.

Swi tekile nkarhi wo leha ku sukela laha a hundzuka a va
nchumu wun'wana na wun'wana lowu nga kusuhi ni xiyimo
xa yena xa kahle leswi a swi n'wi jilela eku sunguleni; kambe
se a toloverile ivi a sungula ku vulvula a ri yexe tanihi
masiku. "Tana, se ndzi na hafu ya kungu ra mina makuno!
Macincelo lama ya hlamarisa njhani! A ndzi tivi leswaku ndzi
ta va yini endzhaku ka xinkadyana! Hambiswiritano se ndzi
vuyele eka xivumbeko xa xa mina: lexi landzelaka, i ku
nghena entangeni wo saseka swonghasi—swi ta endliwa
njhani, ndza pfumala?" Loko a vulavula leswi u humelerile
erivaleni leri a ri ri ni xiyindlwana lexi a xi lehile tifithi ta
mune. Ku nga va ku tshama mani kwala," ku eheketa Alice,
"A swi endli leswaku ndzi fika eka vona ndzi ri ni xiyimo lexi:
hikokwalaho ka yini, ndzi fanele ndzi va chavisa emabyo-
ngweni ya vona!" u sungurile ku cakunya evokweni ra xinene
nakambe, a ti byela leswaku a nge tshineli kusuhi na yindlu
a ngi fika eka tiinchi ta kaye.

Nguluve na Viriviri

E ka mineti kumbe timbirhi a a yimile endlwini a karhi a pfumala leswaku u ta endla yini, loko ku humelela mutirhi wa xinuna loyi a ambele yunifomo loyi a teke hi ku tsutsuma a huma ekhwatini—(u n'wi tekile ku va mutirhi wa xinuna hikuva a a ri eka yunifomo: kambe hi ku languta xikandza xa yena, a a ta n'wi vula Nhlampfi)—u gongondzile ngopfu enyangweni hi xibakela. Ri pfuriwile hi un'wana mitirhi wa xinuna loyi a ambele yunifomo, a ri na xikandza xa xirhendzevutana ni madyitihlo makulu yo tanihi ya chela; naswona vavanuna lava havumbirhi ka vona a va ri na misisi yo basa leyi songasonganeke ehenhla ka tinhloko ta vona. A lava ku tiva leswaku a ku humelela yini hi vona, u kasilenyana ku huma ekhwatini leswaku a yingisela.

Mutirhi wa xinuna-lowa Nhlampfi u humesile papila leri a ri lehile ku ri ngana na yena, a ri nyiketa eka un'wana wa yena a ku, "i ra Mufumi wa xisati. Ku nga xirhambo xa ku ta tlanga Khiriketi, xo huma eka Nkosikazi." Mutirhi wa xinuna-lowa Chela u vuyelerile hi mukhuva wo fana, tsena u lo cinca ku longoloka ka marito swintsongo, "ku suka eka

Nkosikazi. Xirhambo xa Mufumi wa xisati ku ta tlanga
Khiriketi."

Hinkwavo va khorhamele hansi, ivi misisi ya vona yo
sohanasohana yi ko yi ya khumbana.

Alice u hlekile ku vona leswi lero u bohekile ku baleka a
nghena ekhwatini hi ku chava leswaku va nga va va n'wi
twile; kambe loko a hlometela, Mutirhi loyi wa Nhlampfi a
fambile kambe un'wana a a tshamile ehansi kusuhi ni rivanti
a langutile etilweni tanihi xiphunta.

Alice u yile enyangweni hi ku chava, a fika a gongondza.

"Ku gongondza ku hava leswi ku tirhaka," ku vula Mutirhi wa xinuna, "hikokwalaho ka swivangelo swimbirhi. Xo sungula, i ku ndzi le tlhelo rin'we ra nyangwa ku fana na wena: xa vumbirhi i ku va le ku endleni ka huwa endzeni, lero va nge ku twi." Impela a ku ri na huwa yikulu endzeni—a ku pfa ku twala ku rila na ku entshimula ivi huwa ya ku fayeka ka ndhichi kumbe ketlela.

"Se ndzi ta nghenisa ncini?" ku vula Alice.

"Ku gongondza ka wena ku nga ni vutlhari," ku yisa emahlweni Mutirhi wa Xinuna, kambe a nga n'wi pfuni, "loko a ko va ni nyangwa exikarhi ka hina. A hi swi teke leswaku a wu ri endzeni, a wu ta gongondza naswona a ndzi ta ku humesa, wa vona." A langutile ehenhla empfhukeni nkarhi lowu a ri ku vulavuleni, lero Alice a swi teka ku ri vudomu. "Kumbe swo boha," u tibyerile sweswo; mahlo ya yena ma le kusuhi ngopfu ni le henhla ka nhloko ya yena. kambe hambi swi ku yini a hlamula swivutiso.—Ndzi nga nghenisa ncini endzeni?" u vuyelerile, hi ku huwelela.

"Ndzi ta tshama kwala ku kala mudzuku—" ku hlamula Mutirhi wa xinuna.

Hi nkarhi lowu rivanti ra yindlu ri pfulekile ivi ndyelo lowukulu wu haha wu kongomile nhloko ya Mutirhi: wu tsema nhompfu ya yena, wu ya fayekela eka mirhi leyi a yi ri endzhaku ka yena.

"—kumbe siku leri tlhandlamaka," Mutirhi u yile emahlweni wonge a ku nga endlekangi nchumu.

"Ndzi ta nghenisa ku yini?" ku vutisa Alice nakambe, hi rito lerikulu.

"U ri u nga ngheni kwalomu wena?" ku vula Mutirhi. "I xivutiso xo sungula lexi u xi tivaka."

A swi nga kanakanisi: ko va Alice ntsena loyi a nga lavi ku byeriwa leswi. "Swa chavisa ngopfu," u tibyerile hi yexe, "ndlela leyi swivumbiwa swi kanetanaka hayona. Swi enerile ku hlanyisa munhu!"

Mutirhi u vonile wu nkarhi wa kahle ku vuyelela marito ya yena, hi ku swi hambanyisanyana. "Ndzi ta tshama llaha," u vurile, "ndzi ta ndzi famba, eka masiku ni masiku."

"Kambe mina ndzi ta endla yini?" ku vula Alice.

"Xin'wana na xin'wana lexi u lava ku endla," ku vula Mutirhi, ivi a sungula ku chaya noti.

"Oo, a swi pfuni nchumu ku vulavula na yena," ku vula Alice a heleriwile: "wa hlanya swinene!" U pfurile rivanti ivi a nghena.

Nyangwa a wu yisa munhu exitangeni, lexi a xi lo ntlwii, hi musi: Mufumi wa xisati a tshamile exitulwini xa milenge minharhu a mbuwetela n'wana: Musweki a ri kusuhi na ndzilo a karhi a dunga galaza leri a ri tikomba ri tele hi xiculu.

"Ku na viriviri ro tala ngopfu eka xiculu lexi!" Alice a tibyela sweswo, a karhi a entshimula.

A ku tele rona ngopfu emoyeni. Hambi Mufumi wa xisati a a pfa a entshemula, loko xi ri xihlangi a ha ha vuli, loko ku nga ri nawu a ku ri mukhuva,ku entshemula no rila. Swivumbiwa swimbirhi ntsena leswi a swi nga entshemuli a ku ri musweki na ximanga xikulu,lexi a xi etlele exitikweni xi hlekelela lero munhu a nga vona marhumbu.

"Mi nga ndzi byelani xana," ku vula Alice hi ku chavanyana, hikuva a a nga ri na ntiyiso wa leswaku a swi sasekile leswaku a sungula ku vulavula na kumbe ee, "hikokwalaho ka yini ximanga xa n'wina xi n'wayitela hi mukhuva lowu?"

"Ximanga xa muxaka wa Chexaya," ku vula Mufumi wa xisati, naswona hikokwalaho ka sweswo. Nguluve!"

U vurila rito ro hetelela hi vukari lebyikule bya xihatla lero Alice u tlurile; kambe u tile a ta swi vona leswaku a ku vuriwa xihlangi, ku nga ri yena, se u titiyisile a ya emahlweni nakambe:—

"A ndzi nga swi tivi leswaku swimanga swa Chexaya swa n'wayitela; kahlekahle a ndzi nga tivi leswaku swimanga swa swi kota kn'wayitela."

"Hinkwaswo swa swi kota," ku hlamula Mufumi wa xisati; "swinyingi swa kona swa endla tano."

"A ndzi tivi hambi na xin'we lexi endlaka," ku vula Alice hi ku komba vumunhu, a tsakela ku va nghenile eka mabulo.

"A u tivi swo tala," ku vula Mufumi wa xisati; "sweswo i ntiyiso."

Alice a nga tsakelangi thoni ya ku angula loku, lero aehleketa swi antswa ku nghenisa nhlokomhaka yin'wana. u te a ha lava ku lava yin'wana, musweki u lo phula galaza ra xiculu a lunghisela ku ri tikirheta hinkwaswo eka Mufumi wa xisati na xihlangi—ku sungule hi tinhi ta nsimbi; ivi ku landzela mapani, mindyelo ni tindhichi. Mufumi wa xisati a nga swi khatali loko swibye leswi swi n'wi ba; naswonaxihlangi a xi rila hi xiviti lero a swi nga koteki ku vula leswaku a xi vavisiwa kumbe ee.

"Oo, ku na nhompfu yo hlamarisa!" tanihileswi pani rikulu ri nga hahela kusuhi na yona ri siya swintsongo ku yi susa.

"Loko un'wana na un'wana a a khatala swa yena," ku vula Mufumi wa xisati, hi ku bokoloka, "tiko a ri ta rhendzeleka hi rivilo ro tlula ra masiku."

"Leswi ku nga va ku nga ri vukhenseki," ku vula Alice, loyi a twa a tsakela ku kombisa vuitvinyana bya yena. "Ehleketa leswaku swi ta tirha yini vusiku na nhlikanhi! Misava yi teka tiawara ta makhumembirhi-mune ku rhendzeleka—"

"U vulavula hi misava," ku vula Mufumi wa xisati, "tsema nhloko ya yena!"

Alice u kelutile hi ku nyanyuka eka musweki, ku vona loko a yingisela xileriso; kambe musweki a a gingirika hi ku dunga xiculu, a tikomab a nga yingiseli, u yile emahlweni nakambe: "tiawara ta makhumembirhi-mune, ndza tshemba, kumbe i khumembirhi leswiya? Ndzi—"

"Oo, u nga ndzi karhati!" ku vula Mufumi wa xisati; "A ndzi tshameli swa tinomboro!" "Hi sweswo u sungurile ku mbuwetela xihlangi xa yena nakambe, a yimbelela tinsimu ta tinxakaxaka to mbuwetela hatona, kambe a dzinginisa n'wana hi vukarhi eku heleni ka ntila wun'wana ni wun'wana—

"U nga vulavuli kahle eka n'wana wa wena wa mufana,
Naswona n'wi be loko a entshemula:
Wo swi endlela ku ku kwatisa,
Hikuva wa swi tiva leswaku swa hlekisa."

KHORASI
(Laha musweki na nwana va nga nghenelela):—
"Woo! woo! woo!"

Loko Mufumi wa xisati a yimbelela ndzimana ya vumbirhi, u arile a hoxela n'wana henhla na le hansi, n'wana vanhu a rila mbuyanwana, lero Alice a hlupheka ku twa marito:—

64

"Ndzi vulavula hi vuntswaka eka mufana wa mina,
Ndza n'wi ba loko a entshemula;
Hikuva u tsakisiwa ngopfu
Hi viriviri loko a swi lava!"

KHORASI
"Woo! woo! woo!"

"Laha! U nga n'wi mbuwetelanyana loko u swi lava!" ku
vula Mufumi wa xisati a byela Alice, a hoxela xihlangi eka
Alice loko a ri eku vulavuleni. "Ndzi fanele ndzi ya ti lulami-
sela ku tlanga khiriketi na Nkosikazi," naswona a huma
endlwini. Musweki hoxile pani yo chachamisela eka yona loko
a huma, kambe yi n'wi lutlile.

Alice u khomile xihlangi hi ku tikeriwa kukulu, tanihleswi
a xi ri xivumbiwa xa xivumbeko lexo ka xi nga twali, a khoma
mavoko ni milenge ya xona hi matlehelo hinkwawo, "tanihi
nhlampfi ya nyeleti," ku ehleketa Alice. Nchumu lowuntso-
ngo wa vusiwana a wu hefemula tanihi njhini ya nkahelo loko
a wu khomile, xi hamba xi tipetsa kambirhi hi vukulu na ku
tiololoxa lero a xi hlupha ku khoma.

Laha a nge se u swi koitile ku xi mbuwetela (ku nga ku xi
soholota tanihi fundzo ivi a xi khoma hi matimba hi ndleve ya
xinene na nkondzo wa ximatsi leswaku xi nga bibinyuki), u xi
rhwalile a ya na xona ehandle. "Loko ndzi nga teki xihlangi
lexi," ku ehleketa Alice, "vat a xi dlaya hi siku kumbe mambi-
rhi: ku xi siya ku nga va ku nga ri ku dlaya ke?" U humesile
marito yo hetelela, lero xilo lexintsongo xi n'unun'utile loko
xi hlamula (a xi yimile ku entshemula). "U nga n'unun'uti,"
ku vula Alice; "a hi yona ndlela ya kahle ya ku phofula
hayona."

Xihlangi xi n'unu'nutile nakambe, Alice u xi langutisisile
exikandzeni xa xona leswaku a vona leswaku a xi karhatiw
ahi yini. A swi nga kanakanisi leswaku a xi ri ni nhompfu yi

nga bedukela ehenhla, wonge ko va nhompfu ya nsuna ku
nga ri nhompfu ya xiviri: na swimahlwana swa kona a swi
tsongahala ku tlula swa xihlangi: Hisweswo Alice a a nga ha
rhandzi xivumbeko xa nchumu lowu hambi nikan'we.
"kumbexana a xo rila," u ehleketile a languta emahlweni ya
xona nakambe ku vona loko ku ri ni mihloti.

Ee, a ku ri hava mihloti. "Loko u lava ku hundzuka
nguluve, xirhandzwa," ku vula Alice, "hi ntiyiso a ndzi nga ta
va ni xa ku endla na wena. Basopa!" Xilo lexintsongo xi rilile
(kumbe ku n'unun'uta, a swi tika ku vula leswaku xona hi
xihi) nakambe, va miyelanyana ka xinkadyana.

Alice u sungurile ku ehleketa a ri yexe, "Se ndzi ta ku yini
loko ndzi ya ekaya na xiharhi lexi?" loko xi n'unun'uta
nakambe hi vukarhi, u langutile exikandzeni xa xona hi ku

chava. Hi nkarhi lowu a ku ri hava xihoxo: a xi nga hamba-
nangi na nguluve, lero u twile swi jila ku rhala nchumu wo
tanihi lowu.

U xi tikirhetile hansi xivumbiwa lexiya, a twa a tshunxekile
ku vona loko xi kota ku tsutsunma xi ya ekhwatini. "Loko a
xi kurile," ku tibyela Alice, "a xi ta tswala mabihani wo
chavisa ngopfu: kambe xi endla nguluve yo saseka, ndza
tshemba." U sungurile ku ehleketa hi vana van'wana lava a
va tiva, lava nga endlaka kahle tanihi tinguluve, leswai a wo
tibyela a ri yexe, "loko munhu a a tiva ndlela yin'we yo swi
cinca—" loko a vona Ximanga xa Chexaya xi tshamile
erhavini ra murhi lowu a wu ri kulenyana.

N'waXimanga u n'wayitele loko a vona Alice. Xi tikombile
xi kurisiwile kahleu ehleketile: kambe a xi ri ni minwala yo
leha ni matimo yo tala, lero a twa leswaku a xi fanele xi
hloniphiwa.

"Ximanga xa Chexaya-Phasi," u sungurile a chava leswi a
nga tivi leswaku xi ta ri lava xana ke vito leri: hambi-
swiritano, xi engetela ku n'wyitela. "Tana, wa ha tsakile ku
ta fika laha," ku ehleketa Alice, ivi a ya emahlweni. "Wanga
ndzi byela, ndzi nga famba hi ndlela yihi ku suka laha?"

"Swi ya hi ku u lava ku ya kwihi," ku hlamula N'wa-
Ximanga.

"A ndzi kahtali ngopfu ku kwihi—" ku hlamula Alice.

"Se a swi khataleki leswaku u teka ndlela yihi," ku hlamula
N'waXimanga.

"—xikulu ndzi fika kun'wanyana," ku engetela Alice.

"Oo, u nga kota ku endla sweswo loko u famba mpfhuka wo
leha swinene," ku hlamula N'waXimanga.

Alice u vonile leswaku leswi a swi nga aleki, se a ta na
xivutiso xin'wana. "Ku tshama vanhu va njhani mahlweni
le?"

"Eka tlhelo leriya," ku vula N'waXimanga a karhi a
fambisa rhuva ra yena ra xinene ku endla xirhendzevutana,

"ku tshama N'waMfenhe: naka-
mbe eka tlhelo lerita," a tlangisa
voko rin'wana, "na kona ku
tshama N'waMpfundla. Vhakela
loyi u lavaka: havumbirhi ka vona
va penga."

"Kambe a ndzi swi lavi ku tihla-
nganisa na tihlanyi," ku vula Alice.

"Yoo, u nge vuli tano," ku boxa
N'waXimanga: "hinkwerhu ha
tipengela. Ndza penga. Na wena
wa penga."

"Uswi tiva njhani leswaku ndza
penga?" ku vutisa Alice.

"U fanele u karhi u penga," ku
vula N'waXimanga, "kumbe a u nga ta va u tile haleno."

Alice a nga ehleketangi leswaku leswi swi kombisa mhaka
leyi: hambiswiritano u yisiel emahlweni a ku "U swi tiva
njhani leswaku wa penga?"

"Xo sungula, ku vula N'waXimanga, "mbyana a yi pengi.
Ws pfuela sweswo ke?"

"Ndzi kholwa tano," ku hlamula Alice.

"Hi swona," N'waXimanga u yile emahlweni, "mbyana ya rhanela loko yi hlundzukile wa vona, yi puluta ncila loko yi tsakile. Se loko ndzi rhanela loko ndzi tsakile, na ku puluta ncila loko ndzi kwatile swi vula kuri ndza penga."

"Ndzi swi vula ku rhurhumela, hayi ku rhanela," ku vula Alice.

"Swi vule leswi u lavaka," ku vula N'waXimanga. "Wa tlanga khiriketi na Nkosikazi namuntlha ke?"

"A ndzi ta swi lava ngopfu," ku vula Alice, "kambe a ndzi se rhambiwa."

"U ta ndzi vona kwaleyo," ku vula N'waXimanga a ka rhi a nyamalala.

Alice a nga hlamrisiwangi hi swona hikuva se a toloverile ku hlangana ni swilo leswi nga riki swa ntolovelo. Loko a ha lava lomu a yile kona, u humelerile hi xihatla nakambe.

"Kambe ku humelerile yini hi xihlangi leswiya?" ku vutisa N'waXimanga. "A ndzi rivele ku vutisa."

"Xi hundzuke nguluve," ku hlamula Alice a vulavulela ehansi,wonge N'waXimanga a a lo vuya hi ndlela ya ntumbuluko.

"A ndzi ehleketa tano," ku vula N'waXimanga, a nyamalala nakambe.

Alice u yimilenyana, a tshemba ku n'wi vona nakambe, kambe a nga humelelangi, endzhaku ka timiniti timbirhi u fambile hi tlhelo leri ku nga vuriwa leswaku hikona ku tshamaka N'waMpfundla. "Ndzi tshama ndzi vona tinhla-nyi," u tibyerile a ri swakwe; N'waMpfundla ku va yena la tsakisaka ngopfu, kumbexana leswi ku nga Mudyaxihi a nge pengi ngopfu—a nge pengi tanihilaha a pengaka hakona eka Nyenyankulu." Loko a ha vulavula leswi N'waXimanga u lo humelelo, a tshamile erhavini ra murhi.

"U te 'nguluve' kumbe 'ngululu'?" ku vutisa N'waXimanga.

"Ndzi te 'nguluve'," ku hlamula Alice, "ndza tshemba u pfa u humelela na ku nyamalala hi xihatla: wa hi chihwisa man!"

"Hi swona, ku vula N'waXimanga; hi nkarhi lowu u nyamalarile swintsongo ni swintsongo, a sungula hi le makumu ka ncila a hetelela hi n'wayitelo, lowu saleke endzhaku ka loko miri hinkwawo wu nyamalarile.

"Ndzi hamba ndzi vona ximanga xo kala n'wayitelo," ku ehleketa Alice; "kambe n'wayitelo wo pfumala ximanga! I nchumu lowu lavaka ku twisisiwa lowu ndzi wu voneke evuton'wini bya mina!"

A nga yangi kule loko a sungula ku vona yindlu ya N'waMpfundla: u ehlektile leswaku hi yona leyi a a yi lava, hikuva miphongolo a yi ri ni xivumbeko xa tindleve na lwangu a ri fuleriwile hi mavoya. A yi ri yindlu yikulu, lero a nga lavi ku fika kusuhi ku kondza a cakunya xikowa lexi a xi ri evokweni ra ximatsi, leswaku a lehaku fika eka tifithi timbirhi: hambiswiritano a a ya eka yona hi kuchava, a tibyela leswaku "Loko a nyanya ku penga ke! A ndzi naverile ku vona N'waMfenhe ematshan'wini ya N'waMpfundla!"

N D Z I M A   V I I

Nkhuvo wo Penga
wa Tiya

*T*afula a ri dekiwile ehansi ka murhi emahlweni ka
yindlu, naswona N'waMpfundla na N'waMfenhe a va
tinwela tiya eka rona: Sengani a tshamile exikarhi ka vona, a
tifele hi vurhongo, vambirhi lavan'wana a va n'wi tirhisa
tanihi xikhigelo, va wisisile swikokola swa vona eka yena, va
karhi va vulavula hi le henhla ka nhloko ya yena. Alice u
ehleketile leswaku "A swi nyangatsa Sengani. Ntsena leswi a
nga etlela, ndzi tshemba leswaku a nga khatali."

Tafula a ri ri lerikulu, kambe hinkwavo va ri vanharhu a va
mayetelanile eka yin'we ya tiyinhla ta rona. "Ku hava
ndhawu! Ku hava ndhawu!" va huwelele leswi loko va vonile
Alice a karhi a ta. "Ku na ndhawu yo *tala*," Alice u va byerile
a ri na ku chava a tshama eka xitshamo xin'wani lexi a xi ri
tlhelo lerin'wana ra tafula.

"Nwana vukanyi," ku vula N'waMpfundla hi rito ro
khutaza.

Alice u cuvukile hinkwakokwako ehehla ka tafula, kambe a ku ri hava nchumu ehandle ka tiya ntsena. "A ndzi voni wayini mina," u angurile.

"Ku hava vukanyi," u pfumele N'waMpfundla.

"Se a swi nga ri kahle ku u ndzi kalavisa u ku yi kona," ku vula Alice a kwatile.

"A ndzi nga swi tivi kuri i tafula ra *wena*," ku vula Alice; "ri dekeliwe vanhu vo tala ku tlula vanharhu."

"Misisi ya wena yi lava ku kerhiwa," ku vula N'waMfenhe. A a hi lo eka Alice, ntsee, hi ku nyanyuko lowukulu eka nkarhi wo leha, lawa a ku ri wona marito ya yena yo sungula.

"Wena u fanele ku dyondza ku papalata swilo leswi kongomaka munhu wo karhi," ku vula Alice hi ku tsuva: "I tihanyi sweswo."

N'waMfenhe u honokile mahlo ya yena ngopfu loko a twa leswi; kambe u te nstena, "Hikwalaho ka yini gama ri fana ni tafula ra ku tsalela xana?"

"Tanani, se hi fanele hi tiphina makuno!" ku anakanya Alice. "Ndza tsakile hikuva va sungurile ku vutisa mitsha-yilo—ndza kholwa leswaku ndzi nga kumbetela sweswo," a tlhandlekela hi rito lerikulu.

"U vula kuri wa swi kota ku kuma nhlamulo ya xona?" ku tikirheta N'waMpfundla.

"Hi swona sweswo," ku vula Alice

"Se u fanele ku boxa leswi u vulaka swona," ku yisa emahlweni N'waMpfundla.

"Ndzi tiyisile." Alice u hlamurile hi xihatla; "kambe—kambe ndzi vula leswi ndzi vulavulaka—i nchumu wun'we, ma tiva."

"A swi fani hambi niswintsongo!" ku vula N'waMfenhe. "Hikokwalaho ka yini, u nga swi kota nakambe ku vula u ku 'Ndzi vona leswi ndzi dyaka' leswi fanaka ni ku 'Ndzi dya leswi ndzi vonaka'!"

"Wa swi kota nakambe kuri," ku engetela N'waMpfundla, "ku 'Ndzi lava leswi ndzi kumaka' swa fana ni ku 'Ndza kuma leswi ndzi lavaka'!"

"Wa swi kota nakambe kuri," ku engetela Sengani, a endla ongeti o vulavulela evurhongweni, "ku 'Ndza hefemula loko ndzi etlele' swa fana hi ku 'Ndza etlela loko ndzi hefemula'!"

"Swilo swo fana eka wena," ku vula N'waMfenhe, laha bulo ri gimetanyana, vatshama va miyele eka nkarhinyana, hi xinkadyana xexo Alice a anakanya hinkwaswo leswi a kotako ku tsundzuka ehenhla ka magama na matafula yo tsalela, leswi a swingariswingani.

N'waMfenhe hi yena wo sungula ku vulavula. "I siku rihi ra n'hweti leswiyani?" u vurile leswi, hi ku hundzulukela eka Alice: u humesile wachi ya yena exikhwameni, a yi languta hi ku kayakaya, a yi tsekatsekisa nkarhi na nkarhi, a yi vekela endleveni ya yena.

Alice u hleketile eka xinkadyana, a ku "Ra vumune."

"U lahlekile hi masiku mambirhi!" ku vula N'waMfenhe.
Ndzi ku byerile ku rivomba a ri faneli ntirho wa kona!" u
engetele, a langutile N'waMpfundla a kwatile.

"A ri ri rivomba ra kahle," N'waMpfundla u hlamulile hi ku
titsongahata.

"Hi swona, kambe mahlanhla man'wana ya fanele ku va ya
nghenile endzeni," N'waMfenhe u n'unun'utile: "a u nga
fanelangi u vekile hi mukwana wa xinkwa."

N'waMpfundla u tekile wachi ayi cuvuka a nga tsakangi: a
yi peta ekomichini ya yena ya tiya a yi languta nakambe:
kambe a nga ehleketangi swin'wana swo antswa ku tlula
leswi a a vulile eku sunguleni ku, "A ri ri rivomba ro saseka,
ma tiva."

Alice a a cuvukile hi le hehla ka katla ra yena hi nyanyuko.
"I wachi muni leyi nga ni fenya ronghasi!" u vurile sweswo.
"Yi vula siku ra n'hweti kambe a yi vuli nkarhi wa siku!"

"Hikokwalaho ka yini yi fanele ku endla sweswo?" u hleve-
tele N'waMfenhe. "Wachi ya wena ya ku byela ku i lembe rihi
xana?"

"Ee, a yi ndzi byeli swona," Alice u hlamurile hi xihatla:
"hikuva yi tshama yi ri lembe rin'we eka nkarhi hinkwawo
lowo leha."

"Hi swona swi endlaka ya mina," ku vula N'waMfenhe.

Alice u hlamarile ngopfu. Leswi vuriweke hi N'waMfenhe a
swi vuli nchumu, kambe a ku ri XiChangana hakunene. "A
ndzi ku twisisi kahle," u vurile hi ku titsongahata.

"Sengani u khudzahele nakambe," ku vula N'waMfenhe a
chela switiyana swo hisa enhompfini ya yena.

Sengani u hlakahlile nhloko ya yena hi ku hela mbilu, a
tsimbile, a ku "Hi swona, hi swona; leswi a ndzi nga ta vula
swona na mina."

"Se u kumile nhlamulo ya ntshayilo ke?" ku vutisa
N'waMfenhe, a karhi a hundzulukela eka Alice nakambe.

"Ee, ndzi hambene na swona," u hlamurile Alice: "Nhlamu-lo yi ri yini?"

"A ndzi kumbeteli hambi niswitsanana," ku vula N'wa-Mfenhe.

"Hambi na mina," ku vula N'waMpfundla.

Alice u phofurile a komba ku karhala. "Ndza hleketa ku wa kota ku endla swo antswa hi nkarhi," u vurile sweswo, "ku nga ni wu tlangisa hi ku vutisa mitshayilo yo kala tinhlamulo."

"Loko a u tiva Nkarhi tanihileswi ndzi wu tivisaka xiswo-na," ku vula N'waMfenhe. "a u nga ta vulavula hi ku tlanga hi wona . Hi yena."

"A ndzi tivi ku u vula yini," ku vula Alice.

"Impela, a u swi tivi!" ku vula N'waMfenhe a dzinginisa nhloko hi ku khola. "ndzi ri a u zanga u vulavula eka Nkharhi!"

"Kumbe a hi swona," Alice u hlamulile hi vukheta: "kambe ndza swi tiva leswaku ndzi fanele ni khoma nkarhi loko ndzi dyondza vuyimbeleri."

"Ina! Swi na vutihlamuleri eka swona," ku vula N'waMfenhe. "Nkarhi a wu yimeli ku biwa. Kambe loko a u tshamile u twanana naNkharhi, a a ta ku endlela hinkwaswo leswi u lavaka hi wachi. Xikombiso, loko a ku ri awara ya kaye, namixo, nkarhi wa ku sungula xidyondzo: u ta va u fanele ntsena ku hlevetela eka Nkarhi, ivi wachi yi famba hi ku copeta! I hafu ku bile awara ya n'we, nkarhi wa xifihlulo!"

("Ndza navela loko a swi ri tano," N'waMpfundla a tibyerile hi ku hlevetela.)

"Swi ta va swi ri kahle ngopfu, hakunene," ku vula Alice hi vukheta: "kambe—a ndzi faneli ni swinavela ku tlula mpimo, wa vona."

"A hi swona eku sunguleni, kumbexana," ku vula N'waMfenhe: "kambe wa kota ku yi hlayisa yi ri ka hafu ku bile awara ya kaye eka nkarhi lowu u wu lavaka."

"Hi wona malawulelo ya *wena?*" ku vutisa Alice.

N'waMfenhe u dzungudzile nhloko ya yena onge u to rila. "a hi mina!" u hlamurile. "Hi holovile n'hweti yi nga hundza-anga se hlangana nhloko, ma tiva—" (a kombetela eka N'waMpfundla hi xipunu.) "—a ku ri eka ntlangu wa ku yimbelela lowu endliweke hi Hosinkulu ya xisati ya Timbilu, naswona a swo boha leswaku ndzi yimbelela ku

'Copecope wena ximangadyana!
Ndzi hlamala njhani leswaku u lava yini!'

Kumbe wa ri tiva risimu ra kona?"

"Ndzi twile rin'wani leri yelanaka na rona," ku vula Alice.

"Ri ya emahlweni, wa tiva," N'waMfenhe uyile mahlweni, "hi mukhuva lowu:—

'Wena la hahaka ehenhla ka misava
Ingaku u rihlelo ra tiya empfhukeni.
                    Copecope—"

Laha Sengani a tidzinginisa, a sungula ku yimbelela evurhongweni *"Copecope, copecope, copecope, copecope—"* a nga yimi lero a swo boha va n'wi tova leswaku a yima.

"Swi kahle, a ndzi nga se heta ndzima yo sungula," ku vula N'waMfenhe, "loko Hosinkulu ya xisati yi huwelela, 'Wa huha hi nkarhi! Tsemani nhloko ya yena!'"

"Va chavisa njhani vadlayi lava!" ku yowetela Alice.

"Ku sukela ka sweswo," N'waMfenhe u yile emahlweni a ri ni gome, "a nge endli nchumu lowu ndzi lerisaka! Ku tshama ku ri nkarhi wa tsevu sweswi."

Miehleketo ya vutlhari yi tile enhlokweni ya Alice. "Kuri hi xona xivangelo xa ku va swilo swinyingi swa tiya swi vekeriwile ehandle laha?" u vutisile.

"Ina, i ntiyiso," ku vula N'waMfenhe: "nkarhi wun'wana ni wun'wana wo va wa tiya, lero a hi na nkarhi wo hlantswa swibye laha xikarhi."

"A swi antswi u ala u karhi u rhendzeleka xana, i mavonelo ya mina?" i Alice yaloye.

"Hi swona hakunene," ku vula N'waMfenhe: "Swilo swi karhi swi toloveleka."

"Kambe ku nga humelela yini loko u tlhelela eku sunguleni xana?" Alice u lo vutisa a nga titwi.

"Swa antswa hi cinca nhlokomhaka," N'waMpfundla u kavanyetile a karhi a ahlamula. "Se mina ndza karhala hi swona leswi. Mina ndzi ri nhwana loyi a a garingetele."

"Mi ta ndzi khomela, a ndzi tivi hambi na xin'we," ku vula Alice hi ku hlamala mhaka leyi vuriweke.

"Se loko swi ri tano, Sengani u fanele ku hi garingetela!" hinkwavo va huwelerile. "Pfuka Sengani!" hinkwavo va n'wi tovile matlhelo hinkwawo hi kan'wekan'we.

"Sengani u hanyanyile mahlo ya yena switsanatsana. "A ndzi nga khudzahelangi mina," u vurile hi rito ro khwaxa leri tsaneke. "Vanghana, ndzi swi twile hinkwaswo leswi a mi vulalavula swona."

"Hi garingetele!" ku vula N'waMpfundla.

"Ina-ka, hi rungulele mani,ho kombela!" ku xavelela Alice.

"Futhi u fanela ku hatla," ku engetela N'waMfenhe, "hikuva u nga ta khudzahela nakambe u nga se heta."

"Khale ka makwangala, a ku ri na swisesana swinharhu," Sengani u sungule hi xihatla; "mavito ya vona a ku ri Tsakani, Nyiko naNkateko; a va tshama ehansi ka xihlovo—"

"A va hanya hi yini xana?" ku vula Alice, loyi a hambaka a tsakela ku vutisa timhaka ta swakudya ni swakunwa.

"A va hanya hi vulombe," ku vula Sengani endzhaku ka ku ehleketa ka nkarhinyana.

"A va nga faneli ku endla sweswo, ma vona," Alice u veketerile khwatsi; "a va ta vabya."

"Va vabyile," ku vula Sengani; "va vabyile ngopfu swinene."

Alice u ringetile ku ehleketa leswaku mahanyelo yo tano ma ta va ma ri njhani, swi n'wi hlamarisile ngopfu: se u yile emahlweni: "Kambe va tshamela yini ehansi ka xihlovo ke?"

"Tekani tiya yin'wana," N'waMpfundla u byerile Alice a tiyisile.

"A ndzi se dya nchumu ku ta fika laha," Alice u hlamurile hi rito ro komba ku khunguvanyeka, "se a ndzi koti nwa yin'wana."

"U vula leswaku a u swi koti ku dya switsanana," ku vula N'waMfenhe: "Swi olovile ku teka swo tala ku tlula ku pfumala xan'wanchumu."

"Ku hava a nga kombela mihleketo ya *wena*," ku vula Alice.

"Se i mani la vulaka swo kongoma munhu?" N'waMfenhe u vurile hi ku komba ku hlula.

Alice a nga tivi xo vulavula mayelana ni mhaka leyi: kutani u tipfunile hi tiya na xinkwa na botere, ivi a tlhelela eka Sengani a vutisa xivutiso xa yena nakambe. "Kambe va tshamela yini ehansi ka xihlovo ke?"

Sengani u tekile xinkadyana nakambe a ehleketa hi swona ivi a ta ku "A xi ri xihlovo xa vulombe."

"A swi kona swoleswo!" Alice a sungula hi ku hlundzuka, kambe N'waMfenhe na N'waMpfundla va lo "Xi! Xi!" naswona Sengani u angurile hi ku hela mbilu, a ku "loko u nga khomisani ni van'wana swa antswa u hetisa ntsheketo hi wexe."

"Ee, fambela emahlweni ndzo kombela!" ku vula Alice hi ku titsongahata, "a ndza ha ku kavanyeti futhi. A ndzi kanakani ku vula leswaku ku nga ni *wun'we* wo tano."

"Wun'we hakunene!" ku vula Sengani a kwatile. Hambi-swiritano, u pfumerile ku fambela emahlweni. "Hiloko swisesana leswinharhu swi dyondzela ku ka ma vona—"

"A va ka yini?" ku vula Alice, hi ku rivala xitshembiso xa yena.

"Vulombe," ku vula Sengani, a nga ri na ku vilela se makuno.

"Ndzi lava khomichi yo basa," ku kavanyeta N'waMfenhe. "A hi cincaneni tindhawu hinkwerhu."

U vulavurile a ri karhi a famba, Sengani a ri karhi a n'wi landza: N'waMpfundla u yile laha a ku ri na Sengani, Alice u tekile ndhawu ya N'waMpfundla a nga tsakangi hi swona. N'waMfenhe hi yena ntsena a nga vuyeriwa hi ku cincana loku; Alice a ri ka xiyimo xo biha ku tlula lexo sungula tanihileswi N'waMpfundla a ha ku chela masi endyelweni wa yena.

Alice a nga swi lavanga ku khunguvanyisa Sengani nakambe, se u sungurile hi vukheta: "Kambe a ndzi twisisi. Vulombe a va yi ka kwihi?

"U nga ka mati eka xihlovo xa mati," ku vula N'waMfenhe, "se ndza kholwa leswaku u nga ka vulombe eka xihlovo xa vulombe—eh! u rihlanyi ke?"

"Kambe a va ri exihlobyeni," Alice u angurile Sengani, a nga lemuki marito ya yena yo hetelela.

"Hi swona a va ri kona," ku vula Sengani: "endzeni-ndzeni."

Nhlamulo leyi yi nyanyile ku faya Alice nhloko, lero u tshikile Sengani a yela emahlwcni ehandle ko n'wi kavanyeta.

"A va dyondzela ku ka," Sengani u yisile emahlweni a karhi a ahlamula a tipfinyinga mahlo tanihileswi se a twa vurhongo; "naswona va kile swilo swa tinxaka hinkwato leswi sungulaka hi N—"

"Hikokwalaho ka yini u ku N?" ku vutisa Alice.

"A vata tshikela yini?" ku vula N'waMpfundla.

Alice a miyerile.

Sengani se a pfarile mahlo ya yena makuno a biwa hi xithongwana; kambe u pfukile hi ku yowetela endzhaku ko toviwa hi N'waMfenhe a fambela emahlweni: "—swi sungula hi N, tanihi ntlhamu, n'weti na mianakanyo na ntalo—ma tiva mi ri swilo i 'vunyingi bya ntalo'—mi tshama mi vona nchumu wo tanihi ku ka ntalo xana?"

"Hakunene, sweswi ma ndzi vutisa," ku vula Alice a nga ha twisisi, "A ndzi kholwi—"

"Loko swi ri tano a u fanelanga ku vulavula," ku vula N'waMfenhe.

Alice a nga ta swi kota ku tiyisela to tanihi leti: U lo nyakwi, hi vukarhi lebyikulu a muka: Sengani u biwe hi vurhongo hi nomu lowu naswona a ku na un'we wa vona loyi a voneke ku famba ka Alice, hambileswi a cingeleke endzhaku kan'we kumbe kambirhi hi ku tshemba leswaku va nga n'wi tlherisa: nkarhi wo hetelela laha a nga va vona a va ringeta ku veka Sengani eka poto ra tiya.

"Hambi ri nga duma tilo a ndzi nge he yi le nakambe!" ku vula Alice loko a nghena ekhwatini. "Lowu i nkhuvo wa vuhlanyi lowu ndzi nga se tshamaka ndzi wu vona evuton'wini bya mina!"

Loko a ha ku vulavula marito lama, u swi lemukile leswaku a ku ri na nsinya lowu a wu ri ni rivanti leri nghenaka eka wona. "Swa nyanyukisa!" a ehleketa leswi. "Kambe hinkwa-swo swi tisa nyanyuko namuntlha. Ndza tshemba leswaku na mina ndzi nga nghena xikan'we." A ri karhi a famba.

U tikumile a ri eholweni yo lcha nakambe naswaona a ri kusuhi na tafula ra nghilazi. "Sweswi, ndzi ta swi lawula ku antswa," u tibyerile leswi, a sungula hi ku teka xikhiyana xa nsuku, a khiyinula rivanti leri nghenaka entangeni. U tilula-miserile ku tirha a karhi a cakunya a ri eka xikowa ku kondza a engetela ku leha hi fithi yin'we: ivi a rhelela hi xindledyana xintsongo: —ivi a tikuma a ri entangeni wo saseka swonghasi, exikarhi ka swiluva swo hatima ni swiseluselu swo titimelela.

Rivala ra Hosinkulu ya xisati ra Khiriketi

Murhi wukulu wa swiluva a wu dzimiwile enyangweni wa ntanga: a ku huma swiliva swo basa eka wona, kambe a ku ri ni vatirhi vanharhu va le ntangeni lava a va ma pendha hi muhlovo wo tshwuka. Alice a ehleketa ku ri lowu i nchumu lowu kokaka rinoko, ivi a tshinela kusuhi leswaku a ta hlalela, laha a nga twa un'wana wa vona a ku, "Languta sweswi, Ntlhanu! Mi nga fambi mi ndzi halatela pendhi kukota leswi!"

"A ndzi nga ta endla nchumu," ku vula Ntlhanu hi rito ro komba ku tsuva; "Nkombo u ndzi kandziyile xikokola."

Nkombo na yena u langutile ehenhla a ku, "Swi kahle, Ntlhanu! Wo tshamela ku sola van'wana!"

"Swa antswa u nga vulavuli!" ku vula Ntlhanu. "Ndzi twile Hosinkulu ya xisati yi vula leswaku a u fanele u tsemiwile nhloko tolo wunene!"

"Nandzu i yini?" ku vula loyi a vulavurile ro sungula.

"A swi lavi wena, Mbirhi," ku vula Nkombo.

"Ina, swa n'wi lumba!" ku vula Ntlhanu, "ndzi ta n'wi byela—a swi ri swa ku tisela musweki marhanga ematshan'wini ya tinyala."

Nkombo u hoxile blachi, naswona a wo ho sungula "Swi kahle, eka hinkwaswo swo kala vululami—" loko tihlo ra yena ri tulukela ri wela eka Alice laha a a yimile a va langutile. U tilangutisisile hi xihatla: van'wana va lavalavile, naswona hinkwavo va korhamele hansi.

"Mi nga ndzi byelani laha," ku vula Alice hi ku chava "hikokwalaho ka yini mi pendha swiluva?"

Ntlhanu na Nkombo a va vulavulangi, kambe va langutile eka Mbirhi. Mbirhi u sungurile hi rito ra le hansi, "Hikokwalaho ka yini, ntiyiso i ku laha a ku fanele ku va na murhi wa swiluva swo tshwuka, se a hi vekile wo basa

83

ematshan'wini ya wona hi xihoxo; lero loko Hosinkulu a yi
swi vonile, a hi ta va hi tsemiwile tinhloko hinkwerhu, wa
tiva. Se ma vona Sesi, a hi endla leswi hi swi kotaka a nga si
ta—" Hi nkarhi lowu, Ntlhanu loyi a nyanyukile a languta
entangeni, u vitanerile "Hosinkulu! Hosinkulu!" switirhi
swinharhu swa le ntangeni swi tiwisele hansi hi mimombo.
Ku twakarile mipfumawulo ya swigimo swo tala ngopfu,
Alice u halahalile matlhelo hinkwawo a lava ku vona Hosi-
nkulu.

Ku sungurile ku fika masocha ya khume ya rhwele
tinhonga; hikwavo a va fana ni switirhi swinharhu hi
xivumbeko, ku leha na ku anama, mavoko ni mikondzo ya
vona swi ri etikhonweni: ivi ku va na khumi leswo saseka:
leswi a swi khavisiwile hi dayimani, a swi famba hi swimbi-
rhimbirhi tanihileswi endlaka masocha. Endzhaku ka leswi
ku tile vana va le vukosini: a va ri khume, naswona lavantso-
ngo va tile hi ku tlalamba va khomanile hi mavoko havambi-
rhimbirhi: hinkwavo a va xongisiwile hi swifaniso swa
timbilu. Ku landzerile vapfhumba, hi xitalo Tihosinkulu na
Tihosinkulu ta xisati lava exikarhi ka vona Alice a nga vona
N'waMbila wo basa: a vulavula hi ku hatlaa karhi a hlekelela
eka hinkwaswo leswi a swi vulavuriwa ivi a hundza a nga n'wi
vonangi. Ivi ku landzela Jeke wa Timbilu, a rhwele harhi ya
Hosinkulu eka xikhigelo xa xivunguvungu; ivi eka vugwirimi
lebyi ku hetelela hi ku ta ka TIHOSINKULU NI
TIHOSINKULU TA XISATI TA TIMBILU.

Alice a kanakana loko a nga fanelangi ku wela hansi hi
mombo tanihi vatirhi vanharhu va le ntangeni tanihleswi a
nga tsundzuki nawu lowu vulavulaka sweswo mayelana na
nxaxameto wa vagwirimi; "naswona, nxaxameto lowua wu ta
pfuna hi yini," a hleketa sweswo, "loko vanhu va hinkwavo va
fanela ku wa hi mimombo, lero a va ka koti ku wu vona?" Se
u arile a yimile laha a ri kona.

Loko nxaxameto wu ta kusuhi na Alice, va yimile hinkwavo va n'wi languta ivi Hosinkulu ya xisati yi vutisa hi ku visingala yi ku "I mani loyi?" U vutisile eka Jeke wa Timbilu loyi a nga lo hlamula hi ku khunarha na ku nwayitela.

"Rihlanyi!" ku vula Hosinkulu ya xisati a karhi a dzungudza nhloko ya yena hi ku hela mbilu; loko a hundzulukela eka Alice u yisile emahlweni, "Vito ra n'wana wa wena i mani?"

"Vito ra mina i Alice, Hosi yanga," a vula hi xichavo; kambe a tiengetelela a ku, "Hikokwalaho swi ri eka xijumbana swa makarata ntsena. A ndzi fanekeli ku ma chava!"

"I vamani lava?" ku vutisa Hosinkulu ya xisati yi karhi y kombetela eka vatirhi va le ntangeni lava a va sivamile ehansi eka murhi wa swiluva; hikuva wa vona, tanihileswi a swi etlele hi mimombo ya swona, naswona tipateni ta le mihlaneni ya swona a ti fana ni ta makarata laman'wana, a nga swi koti ku boxa leswaku i switirhi swa le ntangeni kumbe masocha kumbe leswo saseka, kumbe vana va yena vanharhu hi xiviri.

"Ndzi ta tiva njhani?" ku vula Alice a hlamarile hi xivindzi xa yena. "A swi lavi mina."

Hosinkulu ya xisati yi tshwukile xikandza hi ku hlundzuka, naswona endzhaku ko n'wi jamela eka xinkadyana tanihi hongonyi, u sungurile ku cema "A yi suke nhloko ya yena! A yi—"

"I thyaka leri!" ku vula Alice hi ku huwela, ivi Hosinkulu ya xisati yi ku hwii.

Hosinkulu yi tlhandlekile voko ra yona evokweni ra yena, hi ku chava yi vurile leswaku "Tekela leswi enhlokweni xirhandzwa: loyi ko va xihlangi!"

Hosinkulu ya xisati hundzulukele eka yena hi ku kwata ivi a ku eka Jeke "Ma hundzuluxe!"

Jeke u endlile hi voko rin'we hi vukheta.

"Pfuka!" ku huwelela Hosinkulu ya xisati, ivi switirhi swinharhi swa le ntangeni swi ku kakatsuku, swi sungula ku khinsamela Hosinkulu, Hosinkulu ya xisati, tinganakana, ni van'wana hinkwavo.

"Xi tshike xexo! Ku cema Hosinkulu ya xisati. "Wa ndzi nyanyukisa." Loko a hundzulukela eka murhi wa swiluva, u yile emahlweni, "A u lava yini kwala?"

"A swi tsakise we Hosi yanga," ku hlamula Mbirhi, hi ku titsongahata a karhi a khinsama hoi tsolo rin'we, "a hi ringeta—"

"Ndza vona!" ku vula Hosinkulu ya xisati hi nkarhi lowu a kamba swiluva. "A ti suke tinhloko ta wona! Nxaxameto wu fambela emahlweni, masocha manharhu ma sala endzhaku leswaku ma ta dlaya switirhi swa le ntangeni leswi nga ni mabadi, leswi timbeleke eka Alice.

"A mi nge tsemiwi tinhloko!" ku vula Alice, a karhi a swi vekela eka poto rikulu ra swiluva leri a ri ri kusuhi. Masocha manharhu ya halaharile eka minete yin'we kumbe tiimbirhi ma karhi ma swi lava, ma hetelela hi ku famba.

"Tinhloko ta vona ti sukile xana ke?" ku huwelela Hosinkulu ya xisati.

"Tinhloko ta vona ti fambile, loko swi mi tsatsakisa Hosi yanga!" ku hlamula masocha hi ku huwelela.

"Swi kahle!" ku huwelela Hosinkulu ya xisati. "wa swi kota ku tlanga khiriketi xana ke?"

Masocha ma lo miyela ma languta eka Alice tanihileswi a swi ri erivaleni leswaku xivutiso lexi a xi kongomile eka yena.

"Ina!" ku huwelela Alice.

"Loko swiritano, tana haleno!" ku vula Hosinkulu ya xisati, ivi Alice a nghena eka nxaxameto wa vagwirimi, a karhi a kanakana leswaku ku ta humelela yini emahlweni.

"I—i siku ro saseka namuntlha!" ku vula xiritwana xa ku chava lexi a xi ri etlhelo ka yena. A a famba kusuhi na N'waMbila wo Basa, loyi a hlomela ngopfu leswaku a vona nghohe ya yena.

"Hakunene," ku vula Alice: "Mufumi wa xisati u kwihi?"

"Miyela! Miyela!" ku vula N'waMbila hi rito ri nga le hansi, ra xihatla. U cingele endzhaku hi nyanyuko a karhi a vulavula, ivi a titlakuseta hi ku yima hi swikunwani, a veka nomo wa yena kusuhi ni ndleve ya yena ivi a n'wi hlevela a ku "U langutane na xigwevo xa rifu."

"Hi xivangelo xa yini?" ku vula Alice.

"U te 'Swi twisa vusiwana!' ke?" ku vutisa N'waMbila.

"Ee, a ndzi vulangi swona," ku vula Alice: "A ndzi voni wonge swi twisa vusiwana hambi nikan'we. Ndzi te 'Hi xivangelo xa yini?'"

"U bile tindleve ta Hosinkulu ya xisati—" ku sungula N'waMbila. Alice u hlekilenyana. "Oo, miyela!" ku hlevela N'waMbila hi rito ra ku chava. "Hosinkulu ya xisati yi ta ku twa! Wa vona leswaku yi hlwerile ku ta, ivi Hosinkulu ya xisati yi ku—"

"Fambani eka tindhawu ta n'wina!" ku huwelela Hosinkulu ya xisati hi rito ro chavisa, ivi vanhu va ku, bamfee, va karhi va welana: hambiswiritano, va tsahamisekile endzhaku ka xinkadyana, ivi ntlangu wu sungula.

Alice a ehleketa leswaku a nga si tshama a vona rivala ra khirhiketi leri tisaka nyanyuko evuton'wini bya yena hinkwabyo; a ku ri miforho ni tindhundhuma: mabolo ya khiriketi a ku ri swihloni leswi hanyaka, tihamula a ku ri magumba, na masocha a ma fanele ma yima hi mavoko na milenge leswaku ma vumba magede ya xitrhendzevutana.

Xiphiqo xikulu xa Alice eku sunguleni a xi ri xa ku lawula gumba ra yena: u humelerile eka ku tshika miri wa rona wu famba khwatsi leswi eneleke, ehansi ka voko ra yena, hala milenge ya rona yi nembelekile, kambe hi ku angarhela, tanihileswi a kumile nkolo wa rona wu tshambulukerile ehandle naswona a fanele ku ba xihloni hi nhloko ya rona, a ri ta tisoholota ri languta exikandzeni xa yena, hi ku hlamala lokukulu lero a tsandzeka ku tikhoma leswaku a nga hleki; na loko se a yisa nhloko ya rona ehansi, leswaku a ta sungurisa nakambe, a swi kwatisa ku kuma leswaku xihloni se xi tiololoxile naswona a xi sungula ku kasa ku xi famba: ehandle ka sweswo, a ku ri ni ndhudhuma kumbe mugerho kun'wana ni kun'wana laha a a lava ku yisa xihloni kona, hala tlhelo masocha hi vumbirhimbirhi ka wona a ma yimayima ma fambafamba eka tindhawu hinkwato ta rivala, leri Alice u fike laha a nga vona leswaku lowu a wu ntlangu wo tika swonghasi.

Vatlanga a vo tlanga hi nkarhi wun'we va nga yimeli ku cincana, va kanetana nkarhi hinkwawo na ku lwela swihloni; naswona endzhaku ka xinkadyana Hosinkulu ya xisati se a yi hlundzukile, yi famba yi karhi yi ba hansi no huwelela "A yi suke nhloko ya yena!"

Alice a a nga ha tiphini: ku vula ntiyiso a nga si tshama a kwetlembetana na Hosinkulu ya xisati, kambe se a swi vona leswaku swi nga endla nkarhi wun'wana na wun'wana, "se ke," a ehleketa, "ku ta humelela yini hi mina? Vo lava ku tsema vanhu tinhloko leswi chavisaka laha; xihlamariso hi lexaku, un'wana ni un'wana u sala a karhi a hanya!"

A a lava ndlela yo baleka hayona, a kanakana loko swi koteka ku nyemuka a nga voniwangi, loko a vona swilo leswi hlamarisaka emoyeni: swi n'wi hlamarisile ngopfu eku sunguleni, kambe endzhaku ka minete kume timbirhi, u swi tekile ku va n'wayitelo, a tibyela leswaku "I N'waXimanga wa Chexaya: ndzi fanele ndzi kuma wo bula na yena se makuno."

"Se swi famba njhani?" ku vula N'waXimanga loko ku kumeka xinkadyana xo vulavula na yena.

Alice u yimilenyana ku kondza mahlo ya humelela ivi a pfumelela hi nhloko. "A swi pfuni nchumu ku vulavula na yena," a ehleketa sweswo, "ku kala tindleve ta yena ti vuya, kumbe hambi yin'we ya tona." Hi minete yin'wana nhloko hinkwayo yi humelelrile, ivi Alice a veka gumba ra yena ehansi, a sungula ku hlamusela swa ntlangu, a tsakile leswaku u kumile un'wana wo n'wi yingisela. N'waXimanga u ehleketile leswaku swi enerile ku va a voniwile, ivi a nyamalala.

"A ndzi tshembi leswaku va tlanga kahle hambi," ku sungula Alice hi ku n'unun'uta, "naswona hinkwavo va kanetana leswi chavisaka lero munhu a nga titwi loko a vulavula—wonge a va na milawu: a swi ta antswa loko a yi ri lkona hambi yi nga landzeleriwi—naswona a wu twisisi hansahansa ya kona hikuva swilo hinkwaswo swi va swi ri karhi swi hanya: xikombiso, ku ni xirhendzevutana lexi a ndzi fanele ku hundza hi le ka xona emakumu ka rivala— naswona a ndzi ta va ndzi bile xihloni xa Hosinkulu ya xisati sweswi, xi lo tsutsuna loko xi vona xa mina xi ta!"

"U yi rhandza njhani Hosinkulu ya xisati?" ku vula N'waXimanga hi rito ra le hansi.

"Hambi niswintsongo," ku vula Alice: "wonge yi to—" kwalaho u vonile lleswaku Hosinkulu a yi ri ndzhaku ka yena, yi yingiserile: se u yile emahlweni "—tlula, swa tika loko se u hetisa ntlangu."

Hosinkulu yi n'wayiterile yi ya emahlweni.

"U vulavula na mani?" ku vutisa Hosinkulu yi karhi yi eka Alice, yi langutile eka nhloko ya N'waXimanga hi ku langutela kukulu.

"I munghana wa mina Chexaya-N'waXimanga," ku vula Alice: "ndzi pfumeleleni ku n'wi tivisa eka n'wina."

"A ndzi lavi no xi vona hambi," ku vula Hosinkulu: "hambi-swiritano, a nga ndzi tswontswa voko loko a swi lava.

"Swa antswa ndzi tshika" ku vulavula N'waXimanga.

"U nga tipfumarisi xichavo," ku vula Hosinkulu, "naswona u ndzi languti hi mukhuva walowo!" U yile endzhaku ka Alice hi nomo lowu.

"N'waXimanga a nga languta eka Hosinkulu," ku vula Alice. "Ndzi tshama ndzi hlaya sweswo eka buku yin'wana, kambe a ndza ha tsundzukui ndhawu ya kona."

"Swi kahle, yi fanele yi susiwa," ku vula Hosinkulu yi ehleketile; a vitanela eka Hosinkulu ya xisati, loyi a ri karhi a hundza hi nkarhi walowo, "Xirhandzwa xa mina! Ndzi navela leswaku ximanga lexi xi susiwa!"

Hosinkulu ya xisati a yi ri na ndlela yin'we ntsena yo ahlula swiphiqo, leswikulu kumbe leswintsongo. "A yi suke nhloko ya yena!" u vurile a nga halahali.

"Ndzi ta lava mudlayi hi ndzexe," ku vula Hosinkulu yi karhi yi suka.

Alice u ehleketile ku tlhelela ku ya vona leswaku ntlangu a wu famba njhani loko a twa rito ra Hosinkulu ya xisati ri karhi ri huwelela eka xipfhukanyana. A a twile xigwevo xa yena na leswaku vatlangu vanharhu a va fanele ku dlayiwa hikokwalaho ko tsanndzeka ku tlanga kahle, naswona a nga tsakangi hi xiyimo lexi, tanihileswi ntlangu a wu ri na hansahansa lero a nga tivangi leswaku nkarhi wa yena a wu fikile kumbe ee. Se u sungurile ku lava xihloni xa yena.

Xihloni a xi ri eku lweni ni xihloni xin'wana, leswi eka Alice a ku ri thomo ra kahle ro ba xihloni xin'wana hi lexin'wana: xiphiqo hileswaku, gumba ra yena a ri yile etlhelo rin'wana ra ntanga, laha Alice a nga ri vona ri ringeta ku hahela ensinyeni.

Loko se a khomile gumba leriyani a vuya na rona, swihloni se a swi fambile "kambe a swi na mhaka ngopfu," ku vula Alice "tanileswi swirhandzevutani a swi sukile etlhelo lerin'wana ra rivala." U ri mayile ehansi ka voko ra yena leswaku ri nga ha tsutsumi nakambe, ivi a tlhelela ku ya bula ni munghana wa yena.

Loko a tlhelela eka N'waXimanga, u hlamarile ku kuma ku ri ni ntshungu lowu a wu n'wi rhendzerile: A ku ri ni nkwetlembetano exikarhi ka mudlayi, Hosinkulu na

Hosinkulu ya xisati, lava a va vulavula hi nkarhi wun'we, loko van'wana hinkwavo va miyele, naswona va nga tsakangi.

Hi nkarhi lowu Alice a nga humelela hawona, u vutisiwle ku hlamula xivutiso hi vunharhu bya vona, naswona va vuyelerile ku kanetana ka vona mayelana na yena, kambe a nga kotanga ku twisisa leswi a va vula swona hikuva a va vulavula hi nkarhi wun'we.

Mudlayi a kaneta leswaku a u nge swi koti ku tsema nhloko laha ku nga riki na miri kona: a vula leswaku a nga si tshma a swi endla naswona a nga ta swi sungulela kwala evuton'wini bya yena.

Hosinkulu a vula leswaku xin'wana na xin'wana xi nga ni nhloko xa kota ku tsemiwa nhloko naswona a u fanelanga ku vulavula swa ripoyipoyi.

Hosinkulu ya xisati na yona a yi vula leswaku loko a ku nga endliwanga nchumu ehehenhla ka mhaka leyi eka xinkadyana, u n'wana na un'wana a a ta dlawa. (Xivulwa lexi hi xona lexi kwatiseke na ku nyanyula ntlawa lowu hinkwawo.)

Alice a nga hleketi nchumu ehandle kka leswaku "Swi tiva hi Mufumi wa xisati: swa antswa mi vutisa yona mayelana ni mhaka leyi."

"U le jele," Hosinkulu ya xisati u byerile mudlayi leswaku "n'wi lave kwala." Mudlayi u sukile tahihi nseve.

N'waXimanga u sungurile ku nyamalala naswona hi nkarhi lowu a nga ta hawona a ri na Mufumi wa xisati, se a nyamalalele ra makumu, se Hosinkulu na mudlayi va yile hansi na le henhla va n'wi lava kasi lavan'wana va tlhelela entlangwini.

Xitori xa
N'waXibodzemavun'wa

"Unge tshembi leswaku ndzi tsakile njhani ku ku vona nakambe, wena xilo xo khosahala xo rhandzeka swonghasi!" ku vula Mufumi wa xisati, a ri karhi a qhavula Alice ivi va famba swin'we.

Alice a a tsakile ku tikuma a ri ni ntsako wo tanihi lowu, naswona u ehleketile leswaku a ku ri viriviri leri a ri n'wi endlile leswaku a kanganyiseka loko va hlanganile exitangeni.

"Loko ndzi ri Mufumi wa xisati," a tibyela (a nga ri na ntshembo wukulu), "a ndzi nga ta viriviri exitangeni xa mina hambi ni switsanana. Murho wa nandziha ngopfu wu ri hava—Kumbexana i viriviri leri kwatisaka vanhu," u yile emahlweni a tsakele mhaka ya ku va a thumbile mafumelo lamantshwa, "ntsuvi wu endla leswaku va dzunga—na nkaka wu endla leswaku va bava—na-a chukela ra koroni ni swin'wana swa muxaka lowu swi endla leswaku vana va va ni ntwelavusiwana. Loko vanhu a va ri tiva: a va nga ta felela hi swona, ma vona—"

Se a a rivele hi ta Mufumi wa xisati naswona u hlamarile lokoa twa rito ra yena endleveni ya yena. "U ehleketa swin'wana, murhandziwa, leswi endlaka leswaku rivala ku vulavula. Ndzi nge ku byeli sweswi leswaku swi vula yini, kambe ndzi ta swi tsundzuka emahlweninyana."

"Kumbe a swi vuli nchumu," Alice u ringetile ku hlamula.

"Kwa, kwa, n'wana!" ku vula Mufumi wa xisati. "Swilo hinkwaswo swi na hlamuselo, loko u yi lava." U titshinetile kusuhi ngopfu ni rihlanguti ra Alice loko a vulavula.

Alice a nga swi tsakeli swo khumbana ngopfu na yena:
hikuva Mufumi wa xisati a bihile ngopfu, nakambe a lehile ku
ringanela lero a kota ku khigeta xilebvu xa yena ekatleni ra
Alice, kambe xilebvu xa kona a xi n'wi nyangatsa hi ku va xi
tontswile ngopfu. Hambiswiritano a nga lavi ku komba
tihanyi: se u tiyiserile.

"Ntlangu wa ha ya emahlweni se wu karhi wu antswa," u
vurile hileswaku ku va ni mabulonyana.

"Hi swona," ku vula Mufumi wa xisati: "naswona
nhlamuselo ya kona i—'Oo, i rirhandzu, leri rhendzelekisaka
misava!'"

"Un'wana u te," ku hlevetela Alice, "swi endliwa hi mani na
mani a karhi a khatala leswi lumbaka yena!"

"Aa, swi kahle! Swo vula nchumu wun'we," ku vula
Mufumu wa xisati, a karhi a tlhava Alice ekatleni hi xilebvu
xa yena xo tontswa, "nhlamuselo ya kona hi leyi—'Tlhogo-
mela miehleketo, naswona mipfumawulo yi ta tivonela'."

"U lava njhani ku kuma tinhlamuselo eka hinkwaswo!" ku
ehleketa Alice a ri yexe.

"Ndzi nga vula leswaku wa hlamala kuri hikokwalaho ka
yini ndzi nga ku khomi exisutini," Mufumi wa xisati u vurile
hi ku yimanyana: "Xivangelo i ku ndza kanakana hi vukarhi
bya gumba ra wena. Ndzi nga ringanyeta xana ke?"

"A nga ku luma," ku hlamula Alice a nga nyanyukelangi ku
va ku ringanyetiwa eka yena.

"I ntiyiso," ku vula mufumi wa xisati: "magumba na
masitadi hinkwaswo swa luma. Nhlamuselo ya kona hileswa-
ku—'Bavala ya mangwa i mavala man'we'."

"Masitadi a hi xinyanyani," ku boxa Alice.

"U vurisile tanihi mikarhi hinkwayo," ku vula Mufumi wa
xisati: "u swi veketela hi ndlela yo saseka njhani!"

"I xicelwa ndza tshemba," ku hlamula Alice.

"Ina, hi swona," ku vula Mufumi wa xisati, loyi se a wo
pfumelela hinkwaswo leswi vuriweke hi Alice: "ku na mugodi

wa masitadi kusuhi ni kwala. Nhlamuselo i ku—'Ku kumeka
ka migodi yo tala, swi vula kuri ya wena a yi talangi'."

"Oo, ndzi tivile!" ku hlamala Alice, loyi a nga lemukangi
nhlamulo yo hetelela, "I miroho. A yi languteki ku va yona
kambe hi yona."

"Ndza pfumelana na wena," ku engetela Mufumi wa xisati;
"na nhlamuselo ya kona hi leyi—'Vana leswi u nga ta va
xiswona'—kumbe hi swi vevukisa hi ku—'U nga tshuki u
tivona u ri loyi a nga riki wena tanihileswi van'wana va nga
ku vonisaka xiswona kumbe leswi a u fanele ku va swona
leswi nga riki wena kambe ku ri leswi va vonaka swona wonge
leswi a u ri xiswona hi leswi nga riki wena'."

"Ndza ehleketa ndzi fanele ndzi swi twisisa ku antswa
sweswo," ku vula Alice hi xichavo, "loko a swi tsariwile
ehansi: kambe ndzi swi twisisi loko u swi vulavula."

"A hi nchumu eka leswi ndzi nga swi vulavulaka loko ndzi
swi lava," ku hlamula Mufumi wa xisati, a karhi a komba
n'wayitelo.

"U nga tikarhati hi ku vula swo leha ku tlula sweswo," ku
vula Alice.

"Oo, u nga vulavuli hi khombo!" ku hlamula Mufumi wa
xisati. "Ndzi nga ku endla sagwadi xa swin'wana na swin'wa-
na ndzi nga swi vula."

"Sagwadi ra xiyimo xa le hansi!" ku ehleketa Alice. "Ndzi
tsakela leswaku a va nyikeli masagwadi ya ku tswariwa yo
fana ni leri!" Kambe a nga swi humeselangi ehandle.

"Ku ehleketa nakambe?" ku vutisa Mufumi wa xisati, a
karhi a engetela ku tlhava Alice hi xilebvana xa yena xo
tontswa.

"Ndzi ni mfanelo yo ehleketa," ku vula Alice hi ku khela
mbilu.

"U ni mfanelo hakunene," ku vula Mufumi wa xisati, "wo-
nge na tinguluve ti fanele ku haha; na n—"

Kambe leswi hlamriseke Alice i ku hela rito ka Mufumi wa xisati loko a ha ha lava ku vula ku "nhalmuselo" na voko leri a ri n'wi khumbile ri sungula ku rhurhumela. Alice u langutile a vona Hosinkulu ya xisati yi yimile emahlweni ka vona, yi khondlile mavoko, yi visingarile tanihi tilo leri dzindzaka.

"Mi dzumbile njhani Nkulukumba!" ku sungula Mufumi wa xisati hi rito leri tsaneke.

"Se makuno ndza ku tshinya kahle," ku huwelela Hosinkulu ya xisati, a gima ehansi hi nenge loko a vulavula, "nhloko ya un'wana wa n'wina yi fanela yi suka, exikarhi ka xinkadyana! Hlawulani!"

Mufumi wa xisati u tihlamulerile, ivi a dlawa hi ku copeta ka tihlo.

"A hi ye mahlweni na ntlangu," ku vula Hosinkulu ya xisati. Alice a a chuwile a tsandzeka no humesa na rito, kambe va rhangisanile va ya erivaleni ta ntlangu yena a ri endzhaku.

Vayeni van'wana a va wisile endzhutini loko va vona leswaku Hosinkulu ya xisati a yi nga ri kona: hambiswiritano va lo na vona a ku humelelo ivi va tlhelela entlangwini, Hosinkulu yi karhi vula leswaku ku hlwelanyana kuntsongo ku ta va dlayisa.

Nkarhi hinkwawo lowu loko va ntlanga Hosinkulu a yi twakangi yi vula leswaku "A yi suke nhloko ya yena!" Lava a a va gwevile a va khotsiwa hi masocha, lava a va boheka ku thsika ku endla swirhendzevutana loko va ya endla ntirho lowu, leswi vulaka leswaku hi ku hela ka hafu ya awara kumbe ku tlula, a ku hetelela ku ri hava swirhendzevutana leswi na vatlangi hinkwavo ehandle ka Hosinkulu, Hosinkulu ya xisati na Alice, hikuva a va khotsiwile.

Hosinkulu ya xisati yi sukile yi ri na mahika yi ku eka Alice, "U tshama u vona N'waXibodzemavun'wa ke?"

"Ee," ku vula Alice. "A ndzi tivi na ku i ncini nchumu lowu"

"I nchumu lowu ku lunghisaka murho wa N'waXibodze-mavun'wa," ku hlamula Hosinkulu ya xisati.

"A ndzi se tshama ndzi wu vona kumbe ku twa hi swa wona," ku vula Alice.

"Tana haleno," ku vula Hosinkulu ya xisati, "naswona u ta ku byela matimu ya yena."

Loko va ri karhi va famba, Alice u twile Hosinkulu yi byela hinkwavo hi rito leri rheleleke yi ku "Hinkweni mi ravale-riwile." "Tanani, i xilo xa kahle!" u tibyerile leswi, hileswi a a nga ha tsakangi hi mafu yo tala lama a ma vangiwile hi Hosinkulu.

Hi xihatla va fikile laha a ku ri na N'waGirayifoni, a etlele edyambyini. (Loko u nga tivi leswku N'waGirayifoni i yini languta eka xifaniso.) "N'wavulolo!" ku vula Hosinkulu ya xisati, "teka xinhwanyetana lexi u xi komba N'waXibodze-mavun'wa naswona a ya twa matimu ya kona. Ndzi fanele ndzi tlhelela ndzi ya vona hi swa ku dlawa ka vanhu loku ndzi leriseke;" ivi a sukua a siya Alice a ri na N'waGirayifoni. Alice a nga tsakelangi ngopfu xivumbeko xa xivumbiwa lexi, kambe u ehleketile leswaku swa antswa ku sala na xona ku nga ni ku landza Hosinkulu ya mudlayi: u xi yimele. N'waGirayifoni xi tshamile xi tipfinyinga mahlo: xi languta xi vona Hosinkulu ya xiasati yi nga vonaki: ivi hlekela endzeni. "I fenya leri!" ku vula, eka xi tibyela hi tlhelo rin'wana xi byela Alice.

"Fenya hi rihi?" ku vutisa Alice.

"Hikokwalaho kayini yena," ku vula N'waGirayifoni, "ko va ku tsakela ka yena ku dlaya wa tiva. Khindlimuka mani!"

"Hinkwavo ve 'khindlimuka mani!'" ku ehleketa Alice a karhi a ya le a xi rikona: "A ndzi se tshama ndzi leriseriwa sweswo evuton'wini bya mina, ee!

A va nga si ya kule loko va vona N'waXibodzemavun'wa eka ximpfhukanyana, xi tshamile exiribyanini xi nyangatsekile xi ri na xivundza, lero Alice a nga xi twangi xi phofula wonge mbilu ya xona yi yi to handzuka. U n'wi twele vusiwana ngopfu. "U karhatiwa hi yini?" u vutisile N'waGirayifoni. N'waGirayifoni u n'wi hlamurile hi marito yo yelana ni yo sungula, "I ku navela ka yena, leswaku a nga na swikarhato, wa tiva. Khindlimuka mani!"

Va kongomile eka N'waXibodzemavun'wa loyi a va languteke hi mahlomalavisi lama teleke hi mihloti, a nga vulavuli nchumu.

"Xinhwanyetana lexi xi lava ku tiva matimu ya wena," ku vula N'waGirayifoni.

"Ndzi ta n'wi byela," ku vula N'waXibodzemavun'wa hi rito ro komba ntlhaveko: "Tshamani hansi hinkwenu ka n'wina, mi nga vulavuli nchumu ku kondza ndzi heta."

Va tshamile ehansi ku ri hava loyi a vulavulaka eka xinkadyana.Alice a tihleketela a ri yexe leswaku, "A ndzi voni kuri u ta heta njhani loko a nga sunguli." Kambe a nga helangi mbilu.

"Loko ndza ha ri Xibodze xa xiviri," ku vula N'waXibodze-mavun'wa, mphofulo wo enta.

Endzhaku ka marito lawa ku landzelerile ku miyelanyana loku a ku pfa ku hetiwanyana hi ku hlamala ka N'wa-Girayifoni, ni ku rila ka N'waXibodzemavun'wa. Alice a a ri kusuhi no vula leswaku "Hi khensile hi xitori xa n'wina xo tsakisa ngopfu," kambe a nga tshikangi ku ehleketa leswaku ka ha ri ni swo tala leswa ha taka, lero u tsahmile a nga vulavuli nchumu.

"Loko ha ha ri swihlangi," ku ya emahlweni N'waXibodze-mavun'wa endzhaku ka nkarhi wo lehanyana, a karhi a rila

laha ni lahaya, "a hi ya exikolweni elwandle. Nhloko a ku ri
N'waxibodze wa mukhalabye—loyi a n'wi vita Mfutsu—"

"A mi n'wi vitela yini mfutsu loko a nga ri yena? ku vutisa
Alice.

"A hi n'wi vita Mfutsu hikuva u hi dyondzisile," ku vula
N'waXibodzemavun'wa a kwatile: "Himpela u dodomedzi
wena!"

"U fanele u nyuma hi ku vutisa xivutiso xo fadela lexi," ku
engetela N'waGirayifoni ivi hinkwavo va tshama va miyerile
va langutile eka Alice, mbuyangwana loyi a a navela leswaku
misava yi n'wi mita. N'waGirayifoni u u te ka N'waXibodze-
mavun'wa, "Yana emahlweni munghana wa khale! U nga
heti duambu hinkwaro!" ivi a ya emahlweni a ku:—

"Ina, a hi ya exikolweni elwandle, hambileswi mi nga ta ka
mi nga swi kholwi—"

"A ndzi zanga ndzi vula sweswo!" ku nghenelela Alice.

"U vurile tano," ku vula N'waXibodzemavun'wa.

"Tikhome ririmi!" ku engetela N'waGirayifoni, Alice a nga
si vulavula nakambe. N'waXibodzemavun'wa u yisile
emahlweni.

"A hi ri ni dyondzo ya xiyimo—kahlekahle a hi ya xikolweni
siku rin'wana ni rin'wana—"

"Na mina ndzi ye eka xikolo xa siku na siku," ku vula Alice.
"A u fanelanga ku tirhandza ngopfu hi swona."

"Hi ku engetelela?" ku vutisa N'waXibodzemavun'wa a
nga nyanyukangi.

"Ina," ku vula Alice, "hi dyondzile Xifurhwa na vuyimbe-
leri."

"Na ku hlanstwa," ku vula N'waXibodzemavun'wa.

"Na ku hlantswa?" ku vula Alice hi ku siringeka.

"Aa! Se xikolo xa wena a xi nga ri lexa kahle," ku vula
N'waXibodzemavun'wa hi twa ku nyanyuka. "Se ka hina,
endzhaku, 'A ku engeteleriwa Xifurhwa, vuyimbeleri, na ku
hlantswa."

"A u nga ta xi lava ngopfu wena," ku vula Alice; "ku tshama ehansi ka lwandle."

"A ndzi nga fikeleli ku xi dyondza," ku vula N'waXibodze-mavun'wa hi ku hefemulanyana. "A ndzo endla tidyondzo ta ntolovelo."

"A ku ri yini sweswo?" ku vutisa. Alice.

"Ku Vumbuluka na ku Soholota miri, hi leswo sungula," ku hlamula N'waXibodzemavun'wa; "ivi ku swiphemu swo hambana swa Arithimetiki—A Navela, ku Faya, ku Bihisa na ku Nyefula."

"A ndzi se tshama ndzi twa hi swa 'ku Bihisa'," Alice a vula leswi. "I yini sweswo?"

N'waGirayifoni xi tlakusile marhuva ya xona hi ku hlamala. "A ndzi se twa swa ku bihisa!" xi hlamarile. "Ndza tshemba u tiva ku sasekisa a ni ri?"

"Ina", ku vula Alice hi ku kanakana: "swi vula ku endla—leswaku—nchumu—wo karhi—wu saseka."

"Se loko u nga tivi leswaku ku bihisa swi vula yini a u nyawuli."

Alice a nga ha khutazekangi ku ala a krhi a vutisa swivu-tiso swo tala hi mhaka leyi: u hundzulukerile eka N'waXibo-dzemavun'wa a ku "I yini swin'wana leswi mi nga swi dyondza?"

"A ku ri ni Hlorhi," ku hlamula N'waXibodzemavun'wa, a karhi a hlayela tidyondzo eka tintiho ta yena, "—Hlorhi, ra khale ni ra xisweswisweswi, xikan'we na Ntivomisavawa-lwandle: ivi na ku koka marito, ku Ndlandlamuka, na ku Sika u endlile xibolwana."

"A swi ri njhani sweswo?" ku vutisa Alice.

"A ndzi nge ku kombi hi ndzexe," "ndzi omaomile. N'wa-Girayifoni a nga zangi a swi dyondza."

"Andzi ri hava nkarhi," ku hlamula N'waGirayifoni: "Ndzi yile eka mudyondzisi wa Ntokoto. A ku ri n'wamakakayile wo dyuhala."

"Mina a ndzi zanga ndzi ya eka yena," ku hlamula N'wa-Girayifoni hi ku hefemutekanyana. "A dyondzisa ku Hleka na ku Vavisa, a va vula tano."

"Swi ri na yena, swi ri na yena," ku vula N'waGirayifoni, ivi swivumbiwa havumbirhi ka swona swi tumbeta mimombo ya swona eka marhuva ya swona.

"Hi siku a mi dyondza nkarhi wo leha swi nga njhani?" ku vutisa Alice, a ri ngeta ku cinca nhlokomhaka.

"Khume wa tiawara hi siku ro sungula," ku hlamula N'wa-Xibodzemavun'wa: "kaye leri tlhandlamaka, swi fambisa xisweswo."

"I kungu ro navetisa njhani!" ku hlamala Alice.

"Hi yona mhaka ti vuriwa tidyondzo," ku tikirheta N'wa-Girayifoni: "hikuva ti hungutana siku na siku."

Leyi a yi ri miehleketo leyintshwa eka Alice, lero u hleketile kambirhi a ngi si vulavula nchumu. "Leswi vulaka leswaku siku ra vukhumen'we a ku lero wisa?"

"Ina, a ri ri ro humula," ku vula N'waXibodzemavun'wa.

"A u swi endlisa ncini hi ra vukhumembirhi?" Alice u vutisile hi ku langutela.

"Swi ringene mayelana ni tidyondzo," ku kavanyeta N'wa-Girayifoni hi rito ro titshemba. "N'wi byele swin'wana mayelana ni mitlangu sweswi."

N D Z I M A X

N'wakakanjhovo

N'waXibodzemavun'wa u phofurile leswi enteke a tlherisela endzhaku voko ra yena kusuhi ni mahlo ya yena. U langutile Alice ivi a ringeta ku vulavula, kambe eka minetee kumbe timbirhi u kavanyetiwile hi ku rila. "A swo fana ni loko a a ri ni rhambu enkolweni wa yena," ku vula N'waGirayifoni; loyi a lunghisele ku n'wi dzinginisa no n'wi ba enhlaneni. Eku heteleleni N'waXibodzemavun'wa u kumile rito ra yena nakambe, a ya emahlweni mihloti yi ri karhi yi xiririka hi marhama ya yena:—

"U nga va u nga tshamangi ngopfu ehansi ka lwandle—" ("Mina a ndzi tshamangi," ku vula Alice) "—naswona a u si tshama ku kombiwa N'wakakanjhovo—" (Alice u sungurile ku vula leswaku, "ndzi tshama ndzi ringa—" kambe u tilangutile hi xihatla ivi a ku "Ee, a ndzi zanga") "—se a ehelekteteleli kuri N'wakakanjhovo i yini!"

"Ee, hakunene," ku vula Alice. "I ncino muni?"

"Hikokwalaho ka yini, ku vula N'waGirayifoni, "mi sungula hi ku xaxamela eribuweni mi ri entileni—"

"Mitila mimbirhi!" ku rila N'waXibodzemavun'wa. "swibo-
dze, tinhlampfi,swivumbiwa swa le matini ni swin'wana ni
swin'wana: ivi loko u hetile tinhlampfi-to-rheta hinkwato—"
"Sweswo swi teka nkarhi," ku kavanyeta N'waGirayifoni.
"—u swi yela kambirhi—"
"Xin'wana na xin'wana xi ri na munghana wa n'waka-
kanjhovo!" ku rila N'waGirayifoni.
"Ina-ka," ku vula N'waXibodzemavun'wa: "famba kambi-
rhi, u yela vanghana vambirhi—"
"—cinca van'wakakanjhovo, ivi u ta wisa hi ndlela yaleyo,"
ku yisa emahlweni N'waGirayifoni.
"Kwalaho se u tiva," ku ya emahlweni N'waXibodze-
mavun'wa, "u hoxa—"
"Van'wakakanjhovo!" ku huwelela N'waGirayifoni.
"—laha u kota ku fika elwandle—"
"Swi hlongorise hi ku hlambela!" ku cema N'waGirayifoni.
"U ba xigaga elwandle!" ku rila N'waXibodzemavun'wa, a
tlulatluleka.
"Cinca van'wakakanjhovo nakambe!" ku huwelela N'wa-
Girayifoni hi rito lerikulu swinene.
"Tlhela la eribuwini nakambe—sweswo hi leswo sungula,"
ku vula N'waXibodzemavun'wa, hi ku rheleta rito ra yena hi
xihatla; naswona swivumbiwa swimbirhi leswi a swi tlulatlula
wonge swo penga swi tshamile ehansi nakambe swi kwatile
swi langutile eka Alice.
"Wu fanele ku va ntlangu wo tsakisa ngopfu," ku vula Alice
hi ku chava.
"U nga lava ku wu vonanyana ke?" ku vutisa N'waXibodze-
mavun'wa.
"Ina, a ndzi ta tsaka ku wu vona," ku hlamula Alice.
"Tana hi ringeta xiphemu xo sungula!" ku vula N'waXibo-
dzemavun'wa eka N'waGirayifoni. "Hi nga endla ku ri hava
van'wamakakanjhovo, wa swi tiva. Ku ta yimbelela mani?"

"Oo, wena yimbelela," ku vula N'waGirayifoni. "Ndzi rivele marito."

Se va sungurile ku cina va karhi va rhendzela Alice, va karhi va n'wi kandziyela swikunwani loko va hundza hi le kusuhi na yena ngopfu, va karhi va tlakusa marhuva ya le mahlweni ku kombisa nkarhi, kasi N'waXibodzemavun'wa a karhi a yimbelela leswi, hi ku nonoka na ku nyenyetsa xikan'we:—

"Wanga hatlisanyana?" i xikhayijana xi byela humba.
"ku na nkavavangaheti endzhaku ka hina, naswaona u
kandziya ncila wa mina.
Languta kuri va tshinela njhani va tsakile van'wakakanjhovo
na swibodze!
Va yimelele—wanga ta u ta bvun'wala eka ntlangu xana?
  U ta ta, a u ti, u ta ta a u ti, u ta khomana na hina
    entlangwini ke?
  U ta ta, a u ti, u ta ta a u ti, u ta khomana na hina
    entlangwini ke?

"A u kumbeteli kuri swi tsakisa njhani
Loko va hoxa ehenhla, xikan'we na van'wakakanjhovo,
  elwandle!"
Kambe humba yi hlamurile "kule ngopfu, kule ngopfu!" a
  hlalela hi kukanakana—
U te u khensa xikhayijana swinene, kambe a nge ngheneleli
  eka ntlangu.
  A nge ngheneleli, a nge swi koti, a nge ngheneleli, a nge
    swi koti, a nge ngheneleli, a nge swi koti, ku
    nghenelela eka ntlangu.
  A nge ngheneleli, a nge swi koti, a nge ngheneleli, a nge
    swi koti, a nge ngheneleli, a nge swi koti, ku
    nghenelela eka ntlangu.

"Leswa nkoka i ku hi ya kule ku fika kwihi?" munghana wa
  yena wa mahati u hlamurile.
"Ku na ribuwu rin'wana, wa swi tiva, etlhelo lerin'waana.
Ku ya kule na Nghilandi i ku tshinela kusuhi na Furhwa-
U nga kwati, murhandzeki humba, kambe bvun'wala eka
  ntlangu.
  U ta ta, a u ti, u ta ta a u ti, u ta khomana na hina
    entlangwini ke?
  U ta ta, a u ti, u ta ta a u ti, u ta khomana na hina
    entlangwini ke?

"Inkomu, i ntlangu wo tsakisa swinene," ku vula Alice, a tele hi ntsako wa leswaku swi fikile makumu: "ndzi lava risimu leriya ro nyanyul ra xikhayijana!"

"Oo, lera xikhayijana," ku vula N'waXibodzemavun'wa, "u swi vonile kambe?"

"Ina" ku hlamula Alice, Ndzi hamba ndzi swi vona eDinn—" u tilangutile hi xihatla.

"A ndzi tivi na leswaku Dinn yi kwihi," ku vula N'waXibo-dzemavun'wa, "se loko u hamba u swi vona, wa tiva leswi swi nga xiswona."

"Ndzi kholwa tano," ku hlamula Alice hi vukheta. "Micila ya swona yi yisiwa emilon'wini—naswona swi landzelela mahlanhla."

"Wa hemba loko u vulavula hi mahlanhla, ku vula N'wa-Xibodzemavun'wa: "mahlanhla ma ta nyamalala hinkwawo elwandle. Kambe swi veka micila ya swona emilon'ieni; xivangelo hi lexi—" a karhi a ahlamula no pfala mahlo ya yena N'waXibodzemavun'wa. "N'wi byela hi ta xivangelo na swin'wana leswiya," u byerile N'waGirayifoni.

"Xivangelo i ku," ku vula N'waGirayifoni, "leswaku swi ta ya entlangwini na van'wamakakanjhovo. Se va tikumile va hoxiwa elwandle. A swo boha va wa mpfhuka wo leha. Se micila ya swona yi nghenile emilon'wini. Lero swi tsandzekile ku yi humesa nakambe. Hi swona ntsena."

"Ndza khensa," ku vula Alice, "swa tsakisa. A ndzi nga swi tivi swot ala mayelana ni swikhayijana."

"Ndzi nga ku byela swo tala loko u swi lava," ku vula N'waGirayifoni. "Wa swi tiva kuri hikokwalaho ka yini swi vuriwa swikhayijana xana?"

"A ndzi nga ehleketangi hi swona," ku hlamula Alice.

"*Xi endla tibutsu na tintangu,*" ku hlamula N'wa-Girayifoni.

Alice u hlamarile ngopfu. "Ku endla tibutsu na tintangu!" u vuyelerile hi rito ro kanakana.

"Hikokwalaho ka yini, tintangu ta wena ti endliwa hi yini?" ku vula N'waGirayifoni. "Ndzi vula leswaku ti hatimisiwa hi yini?"

Alice u ti langutile a miyelanyana a nga si hlamula. "Ti endliwa hi ntima ndza tshemba."

"Tibutsu na tintangu ta le hansi ka lwandle," N'wa-Girayifoni u yile emahlweni hi rito ro tiya, "ti endliwa hi swikhayijana. Se wa tiva makuno."

"Kambe ti lunghisiwa hi yini?" ku vutisa Alice hi nyanyuko lowukulu.

"Hansi na swirhendze, swa tona," ku hlamula N'wa-Girayifoni: "hambi ni xihadyana xintsongo xa le matini xi nga ku byela sweswo."

"Loko a ndzi ri xikhayijana, "ku vula Alice, loyi a a ha hleketa risimu, "A ndzi ta ku eka nkavavanngaheti, 'Tlhela ndzhaku: a hi ku lavi haleno!'"

"A swo boha swi va na yena," ku vula N'waXibodze-mavun'wa. "A ku na tinhlampfi to tlhariha leti nga hanyaka ku ri hava nkavavangaheti."

"Swi nge koteki hakunene?" ku hlamala Alice.

"A swi nge koteki, hakunene," ku vula N'waXibodze-mavun'wa. "Hikokwalaho ka yini, loko nhlampfi yi ta ka mina, yi ndzi byela leswaku yin a rendzo, ndzi fanele ndzi ku 'Hi nkavavangaheti ke?'"

"U vula 'xivangelo ke'?" ku vula Alice.

"Ndzi vula sweswi ndzi vulaka swona," ku hlamula N'waXibodzemavun'wa hi rito ra ku khunguvanyeka. N'waGirayifoni u engeterile a ku "Wanga hi byela swin'wana leswi u hlanganeke na swona."

"Ndzi nga ku byela mimbalango ya mina ku sukela namuntlha nampundzu," ku vula Alice hi ku chavanyana: "kambe a hi swa nkoka ku tlhela eka swa tolo, hikuva a ndzi ri munhu wo hambana."

"Hlamusela sweswo," ku vula N'waXibodzemavun'wa.

"Ee, ee! Mimbalango ku sungula," ku vula N'wagiirayifoni hi rito ro kombisa ku hela mbilu: "ku hlamusela ku teka nkarhi wo leha."

Se Alice u sungurile ku hlambanyisa mafambelo ya yena ku sukela hi nkarhi lowu a nga vona N'waMbila wo Basa. A chuwanyana eku sunguleni, swivumbiwa leswimbirhi swi tshinele kusuhi na yena, swi pfurile mahlo ni milomo kambe u tiyile nhlana ivi a ya eahlweni. Vayingiseri va yena a va miyerile ku kondza a sungula ku vuyelela xiphemu lexi nga "U khalabyile Tatana William", eka N'waTamani naswona marito lama a ma huma ma hambanile, ivi N'waXibodze-mavun'wa phofula, a ku "Swi tisa nyanyuko hakunene."

"Mhakankulu i ku va swi nyanyula hakunene," ku vula N'waGirayifoni.

"A swi ta swi hambanile!" i ku vuyelela N'waXibodze-mavun'wa hi ku hleketanyana. "Ndzi lava ku twa a ringeta no vuyelela swin'wana sweswi. N'wi byela asungula." U langutile eka N'waGirayifoni wonge hi yena loyi a a ri ni matimba ehenhla ka Alice.

"Tlakuka u vuyelela. Leri 'I rito ra munhu wo loloha'," ku vula N'waGirayifoni.

"Swivumbiwa swi lerisana njhani, na ku endla leswaku un'wana a vuyelela tidyondzo! Ku ehleketa Alice. "Ndzi nga va ndzi ri xikolweni nakambe." Hambiswiritano u tlakukile a vuyelela, kambe nhloko ya yena a yi tele hi N'waKakanjhovo, lero a hlupheka ku tiva leswi a vula swona. Marito a ma ta hi mukhuva lowu hlamarisaka hakunene:—

"I rito ra N'waKakanjhovo: Ndzi n'wi twile a vula leswi
'U ndzi rimbile ndzi tshwukelela ngopfu, ndzi fanele ku
    chela misisi yanga chukela.'
Tanihi sekwa hi swipfalo swa mahlo ya rona, yena hi
    tinhompfu ta yena

*U susa banti ni tikunupu ta yena, a hundzuluxa tintangu
ta yena.*

*Loko seke hinkwaro ri omile, u tsaka wonge tanihi ntlagu
wo penga,*

*Naswona u ta vulavula hi rito ro khola tanihi Nkavavanga-
heti:*

*Kambe xidzedze xi tlakuka nkavavangaheti a nga yi helo,
Rito ra yena ri ni ku chava."*

"Swi hambene ni leswi a ndzi tshama ndzi vula loko ndza
ha ri ntsonga," ku vula N'waGirayifoni.

"A ndzi se tshama ndzi swi twa leswi," ku vula N'waXibo-
dzemavun'wa; "kambe swi twala swi ri swilo swa vuhlanyi
leswi nga tolovelekangiki."

Alice a nga vulangi nchumu; a a tshamile ehansi xikandza
xa yena xi ri emavokweni, a kanakana loko ku nga ta tshuka
ku humelela swilo hi ndlela ya ntumbuluko nakambe.

"A ndzi navela ku swi hlamuseriwile," ku vula N'waXibo-
dzemavun'wa.

"A nga swi koti ku swii hlamusela," N'waGirayifoni u vula-
vurile hi xihatla. "Yana emahlweni hi ndzimana leyi
landzelaka."

"Kambe mayelana ni swikunwani swa yena?" ku tshikelela
N'waXibodzemavun'wa. "U swi hundzuluxa njhani hi
nhompfu ya yena, wa tiva?"

"I ndhawu yo sungula eku cineni," ku vula Alice; kambe a
a hlamarile hi swilo hinkwaswo, naswona a navela ku cinca
nhlokomhaka.

"Yana emahlweni", ku vuyelela N'waGirayifoni hi ku hela
mbilu: "swa sungula 'Ndzi hindzile hi le ntangeni wa yena'."

Alice a lava ku landzelela swileriso, hambileswi a twa
leswaku wa swi kota ku endla xihoxo, u yile emahlweni hi rito
ro rhurhumela:—

"Ndzi hundzile hi le ntangeni wa yena, ndzi languta hi
  tihlo rin'we,
Leswaku Xikhovha na swi phakana njhani ximbhundzwa
  na N'waYingwe:
N'wayingwe u tekile kamba ra ximbhundzwa, murho na
  nyama,
Kasi Xikhovha a a ri na bavhu tanihi xiave xa yena.
Loko ximbhundzwa xi herile, xikhovha xi pfumeleriwle
Ku teka lepula xi veka exikhwameni:
Kasi N'waYingwe u kumile mukwana na forogo,
Va hetisa nkhuvo hi—"

"Swi pfuna yini ku vuyelela," ku kavanyeta N'waXibodze-mavun'wa, "loko u nga hlamuseli nkarhi u yaka emahlweni? A ndzi se tshama ndzi twa nchumu wo hlaganisa nhloko tanihi lowu!"

"Ina, ndza tshemba swa antswa u hambana na swona," ku vula N'waGirayifoni:

Alice a tsakile ku hambana na swona. "Hi nga ringeta tlhelo rin'wana ra N'wakakanjhovo ke?" ku yisa emahlweni N'waGirayifoni. "Kumbe u lava leswaku N'waXibodze-mavun'wa a ku yimbelelela risimu rin'wana ke?"

"Oo, ndzi lava risimu loko N'waXibodzemavun'wa a swi lava," ku hlamula Alice, hi ku tsakela lero N'waGirayifoni u lerisile hi rito ro khunguvanyeka a ku "Hm! N'wi yimbelelele, '*Murho wa N'waxibodze*', swa endla na mhunghana wa khale?"

N'waXibodzemavun'wa u phofurile, ivi a sungula hi rito leri kun'wana ri nga ta va ri kavanyetiwa hi ku rila a ku:—

> "*Murho wo saseka, wo tiya wa rihlaza,*
> *Wu yimelerile eka xindhichana xo hisa!*
> *I mani eka swilovolovo leswi a nga khinsamiki?*
> *Murho wa nadyambu, Murho wo saseka!*
> *Murho wa madyambu, Murho wo saseka!*
> > *Murhoo—oo wo sasee—eekoo!*
> > *Murhoo—oo wo sasee—eekoo!*
> *Murhoo—oo wa maa—aadyaa—aambu,*
> > *Murho wo saseka, swo saseka!*

> "*Murho wo saseka! I mani a khatalaka tinhlampfi,*
> *Swiharhi, kumbe xixevo xin'wana?*
> *I mani la nga nyiekeliki hinkwaswo hikokwalaho ka*
> *Murho wo saseka wa mapeni mambirhi?*
> *Murho wo saseka wa peni?*
> > *Murhoo—oo wo sasee—eekoo!*

Murhoo—oo wo sasee—eekoo!
Murhoo—oo wa maa—aadyaa—aambu,
Murho wo saseka, swo SASEKA!

"Wanga hi twisa khorasi liya nakambe!" ku rila N'wa-
Girayifoni, N'waXibodzemavun'wa a a sungurile ku vuyelela,
loko ku twakala marito ya ku "Xigwevo se xa sungula!" eka
ximpfhukanyana.

"Khindlimuka mani!" ku rila N'waGirayifoni, a karhi a
koka Alice hi voko va tsutsuma va nga yimeli ku hela ka
risimu.

"I xigwevo xa yini? ku vutisa Alice a karhi a hefemuteka a
ri ku tsutsumeni; kambe N'waGirayifoni u lo hlamula
leswaku "Khindlimuka mani!" ivi a engetela rivilo, kasi hala
ndzhaku hi le kulenyana a ku twakala marito yo tsokombela
lama ya nge:

Murhoo—oo wa maa—aadyaa—aambu,
Murho wo saseka, swo saseka!

I Mani la Yiveke Swimbhundzwa?

osinkulu na Hosinkulu ya xisati a va tshamile exiluvelweni xa vona loko ku ta ntsungu wukulu lowu a wu va rhendzerile—tinxaka hinkwato ta swinyanyani na swiharhi, xikan'we xijumba hinkwaxo xa makarata: Jeke a yimile emahlweni ka vona a ri na tinketani, ni masocha ya n'wi rindzile hi matlhelo hinkwawo; kusuhi na Hosinkulu a ku ri ni N'waMbila wo Basa, a tamerile mhalamhala hi voko rin'wana kasi lerin'wana a ri khomile. Exikarhi ka khoto a ku ri ni tafula leri ehenhla ka rona a ku ri ni xindhichana xa swimbhundzwa: a swi koka rinoko swinene, lero tinyoka ta Alice ti sungurile ku lumaluma hi ndlala—"Wonge loko timhaka a ti sengiwile," ku ehleketa Alice, "hi ta phaka tikholodirinki!" Kambe a ku ri hava nkarhi wa sweswo; se u sungurile ku langutalanguta eka hinkwaswo leswaku a tihungasa.

Alice a nga si tshama a ya ekhoto kambe a a lo swi hlaya etibukwini, naswona a a tsakile leswaku a a tiva mavito yo tala lama tirhisiwaka ekhoto. "Loyi muavanyisi, hikokwalaho ka nghundhu ya yena yikulu," a tibyela Alice.

Muavanyisi a ku ri Hosinkulu, naswona a a ambarile harhi ya yena ehenhla ka nghundhu (languta emahlweni ka kona loko u lava ku vona kuri yi swi endlise ncini), a a nga tikombi leswaku swilo a swi tshamisekile, naswona a swi nga fambi hi tindlela.

"Lexiya i xibokisana xa vuavanyisi," ku ehleketa Alice, "na swivumbiwa leswiya swa khumembirhi" (a swo boha a ku "swivumbiwa", wa vona, hikuva swin'wana swa kona a ku ri swiharhi, swin'wana a swi ri swinyanyana), "ndza tshemba i vaavanyisi." U vurile rito ro hetelela kambirhi kumbe kanharhu a ri yexe, a karhi a tirhandza hi rona: hikuva a ehleketa leswaku i vanhwanyana vantsongo swinene va ntangha ya yena lava a va ri tiva, leswi a ku ri ntiyiso. Hambiswiritano, "swirho swa huvo" a vat a va va endlile kahle na vona.

Vaavanyisi va khumembirhi a va ri karhi va tsala eka swiphepherhele. "Va endla yini?" i Alice la hlevetelaka N'wa-Girayifoni. "A va na lexi va nga kotaka ku xi veka ehansi loko ku avanyisa ku nga si sungula."

"Va tsala ehansi mavito ya vona," ku hlamula N'waGirayifoni hi ku hlevetela, "hi ku chava leswaku va nga ma rivala ku avanyisa ku nga si hela."

"Swilo swa ku penga!" ku huwelela Alice kambe u tshikile hi xihatla loko N'waMbila wo Basa a huwelela a ku "Ku miyela ekhoto!" ivi Hosinkulu yi ambala manghilazi leswaku yi vona loyi a vulavula.

Alice a vona wonge loko a langutile hi le makatleni ya vona, vaavanyisi a va tsala ku "Swilo swa ku penga!" eka swiphepherhele swa vona, naswona un'wana wa vona a tsandzeka ku tsala rito ra "ku penga", lero a a to vutisa la nga kusuhi na yena. "Swiphepherhele swa vona swi ta va ni hansahansa va nga si heta ku avanyisa!"

Un'wana wa vaavanyisi u wisile penisele. Alice a nga kotanga ku tiyisela leswi, lero u fambile a ya yi rhola. Leswi u swi endlile hi ku copeta ka tihlo lero muavanyisi lontsongo, mbuyangwana (a ku ri Bill, N'waPulundzwani) a nga twisisangi leswaku ku humelele yini hi yona; endzhaku ka ku yi lava hinkwakokwako a nga yi voni, u bohekile ku tsala eka xiphepherhele hi ritiho rin'we kambe a swi nga pfuni hikuva a swi nga siyi hambi ni mfungho.

"Herald, hlaya xihehlo!" ku vula Hosinkulu.

Eka xinkadyana lexi N'waMbila wo Basa u mbvungunyisile mhalamhala kanharhu, ivi a pfula phepha, a hlaya hi mukhuva lowu:—

"Hosinkulu ya Timbilu, yi swekile swimbhundzwa,
Hi siku ra ximumu:
Jeke wa Timbilu, u yivile swimbhundzwa leswi,
A famba na swona!"

"Amukela xigwevo xa wena," ku vula Hosinkulu eka vaavanyisi.

"Ku nga ri sweswi, ku nga ri sweswi!" ku vanyeta N'waMbila. "Ku ni swinyingi leswa ha taka ku nga si fika leswi!"

"Xo sungula vitanani timbhoni," ku vula Hosinkulu; ivi N'waMbila wo Basa a mbvungunya mhalamhala kanharhu, a huwelela, "Mbhoni yo sungula!"

Mbhoni yo sungula a ku ri N'waMfenhe. U tile na komichi ya tiya eka voko rin'wana kasi eka lerin'wana a khomile xinkwa lexi nga ni botere. "Mi nga ndzi khomela, Nkuluku-mba," u sungurile, "ku va ndzi nghena na leswi kwalomu: kambe a ndzi nga se heta kahle tiya ya mina loko ndzi ta vitaniwa."

"A wu fanele ku va u hetile," ku vula Hosinkulu. "U sungule rini?"

N'waMfenhe u langutile eka N'waMpfundla, loyi a n'wi landzile ekhoto xikan'we na Sengani. "Hi siku ra khume-mune ra Nyenyankulu, ndza vona," u vurile tano.

"Khumentlhanu," ku vula N'waMpfundla.

"Khumetsevu," ku engetela Sengani.

"Tsala hansi," Hosinkulu yi lerisile vaavanyisi, ivi va tsala masiku hinkwawo ya ri manharhu eka swiphepherhele swa vona, va swi hlanganisile ivi mbuyelo wa kona va wu yisa eka macheleni na mapeni.

"Hluvula xigqoko xa wena," i Hosinkulu yi karhi yi lerisa N'waMfenhe.

"A hi xa mina," ku hlamula N'waMfenhe.

"Swi yiviwile!" ku hlamala Hosinkulu, yi hundzulukela eka vaavanyisi lava nga swi tsala ehansi hi xihatla.

"Ndzi swi hlayisela ku xavisa," N'waMfenhe u ndlandla-muxile nhlamuselo: "A ndzi lexi nga xa mina. Ndzi N'waMfenhe mina."

Hosinkulu ya xisati yi ambarile manghilazi ivi yi sungula ku xondzolota N'waMfenhe loyi se a a yingayinga.

"Nyika vumbhoni bya wena," ku vula Hosinkulu; "u nga rhurhumeli laha, ndzi nga endla leswaku u dlawa xi lo hosi."

Leswi a swi khutazangu mbhoni hambi nikan'we: a a nga ha tshamisekangi naswona a langutile Hosinkulu ya xisati hi tihlo ra ku chava, lero eka mpfilumpfilu leyi u lumile xiphemu xikulu eka komichi ematshan'wini ya xinkwa na botere.

Eka xinkadyana lexi Alice u twile swinwana leswi nga twisisekiki leswi n'wi hlamariseke: se a a sungula ku kula nakambe, lero a ehleketa leswaku a nga tlakuka a huma ekhoto; kambe ra vumbirhi u kunguhatile ka ala a ri kona xikulu ka ha ri ni ndhawu ya yena.

"Ndza tshemba a u nge manyeteliwi," ku vula Sengani, loyi a tshamile kusuhi na yena. "Ndza tsandzeka ku hefemula."

"A ndza ha swi koti leswi," ku vula Alice hi ku titsongahata: "Ndza karhi ndza kula."

"A u na mfanelo yo kulela kwala," ku vula Sengani.

"U nga vulavuli thyaka," ku tiyisa Alice: "wa swi tiva leswaku na wena u le ku kuleni."

"Ina, kambe ndzi kula swintsa-nana," ku vula Sengani: "ku nga ri hi masingita yalawo." U tlaku-kile a tlulela eka tlhelo rin'wana ra khoto.

Hi nkarhi lowu hinkwawo, Hosinkulu ya xisati a yi hoxile
tihlo eka N'waMfenhe, naswona loko Sengani a tlula khoto,
yi lerisile vatirhi va khoto leswaku, "ndzi tiseleni vayimbeleri
va nkhuvo lowu hundzeke!" laha N'waMfenhe a rhurhu-
meleke lero u susile ntintangiu ta yena hinkwato.

"Nyika vumbhoni bya wena," ku vuyelela Hosinkulu hi ku
hlundzuka, "kumbexana ndzi lerisa leswaku u dlayiwa,
kumbe u chuwile kumbe ee."

"Ndzi xisiwana Hosi yanga," ku vulavula N'waMfenhe hi
rito ro rhurhumela, "naswona a ndzi nga se sungula tiya ya
mina—ehansi ka hela vhiki—naswona hi ku yini hi xinkwa
lexi engetelaka ku lala—na ku hatima ka tiya—"

"Ku hatima ka yini?" ku vula Hosinkulu.

"Swi sungurile hi tiya," N'waMfenhe u hlamurile.

"Inaka hatima ri sungula hi H!" ku hlamula Hlosinkulu hi
vukarhi. "U ndzi vona wonge ndzo va domu ke? Yana ema-
hlweni!"

"Ndzi xisiwana mina," ku vula N'waMfenhe, "endzhaku ka
sweswo swilo hinkwaswo swi hatimile—ntsena swi vuriwile hi
N'waMpfundla—"

"A ndzi vulanga sweswo mina!" ku kavanyeta N'wampfula
hi xihatla.

"U vurile wena!" ku tshikilela N'waMfenhe.

"Ndza ala sweswo," ku vula N'waMpfundla.

"Wa kaneta loyi," ku vula Hosinkulu: "siyani xiphemu
xexo."

"Hambi swo yini, Sengani u vulavurile—" ku yisa
mahlweni N'waMfenhe, a lo n'wi nhwii, ku vona loko na yena
a ta ala nakambe: kambe Sengani a nga alanga nchumu, hi
ku va a khudzehela.

"Endzhaku ka sweswo," ku ya emahlweni N'waMfenhe,
"Ndzi engetele ku tsema xinkwa na botere—"

"Kambe Senga u vurile yini?" un'wana wa vaqamuli u
vutisile.

"Sweswo a ndza ha swi tsundzuki," ku hlamula N'waMfenhe.

"Swo boha u swi tsundzuka," ku vula Hosinkulu, "ku nga ri sweswo ndzi endla leswaku u dlayiwa."

Mbuyangwana, N'waMfenhe u wisile tiya ya yena xikan'we na xinkwa na botere ivi a khinsama hi tsolo rin'we. "Ndzi xisiwana Hosi yanga," u sungurile.

"U siwanekile ngopfu eku vulavuleni," ku vula Hosinkulu. Hi nkarhi lowu yin'wana ya timbila a yi ri karhi yi hoyozela kambe yi miyetiwile hi vafambisi va khoto. (Tanihileswi ri nga rito ro nonoha, ndzi to hlamusela ntsela leswaku swi endliwile njhani. A va ri na beke ya sayila leyi a yi bohiwile enon'wneni hi tintambhu: eka yona va hoxile mbila va sungula hi nhloko ivi va ta yi tshama hi le henhla.)

"Ndza tsaka leswaku ndzi vonile swi karhi swi endliwa," ku ehleketa Alice. "Ndzi tshama ndzi hlaya maphephahungu endzhaku ka swigwevo, 'A ku ri ni ku ringeta ku dzunisa loku a ku tshikileriwa hi vafambisi va khoto,' naswona a ndzi twisiso leswaku swi vula yini ku ta fika sweswi."

"Loko ku ri sweswo ntsena u leswi u swi tivaka, yima hi le hansinyana," ku vulavula Hosinkulu.

"A ndza ha koti ku ya hansi ko tlula laha," ku vula N'waMfenhe: "Ndzi le hansi sweswi."

"Se tshama hansi," ku hlamula Hosinkulu.

Mbila yi hoyozerile yi tshikileriwa.

"Hi swona leswi hetaka timbila!" ku ehleketa Alice. "Hi fanele ku ya emahlweni kahle makuno."

"Ndzi fanele ndzi hetisa tiya ya mina," ku vula N'wa-Mfenhe, a langutile Hosinkulu ya xisati hi tihlo ra le tin'hwembeni, leyi a yi karhi yi hlaya nxaxameto wa vayimbeleri.

"U nga famba," ku vula Hosinkulu, N'waMfenhe u humile ekhoto hi xihatla a nga ha yimeli ku ambala tintangu ta yena.

"—mo susa nhloko ya yena xikan'we le handle," i Hosikulu ya xisati leyi lerisaka un'wana wa vahofisiri va khoto: kambe

122

N'waMfenhe a tsemile no ri vona mutirhi wa khoto a nga se fika enyangweni.

"Vitanani mbhoni yin'wana!" ku vula Hosinkulu.

Mbhoni ley landzeleke a ku ri musweki wa Mufumi wa xisati. A a tamerile xibokisana xa viriviri evokweni, lero Alice u kumbetele leswaku ku nga va mani, hambi a nga se nghena na le khoto, hikuva vanhu lava a va ri kusuhi na nyangwa a va sungurile ku entshemula hi kan'wekan'we.

"Nyika vumbhoni bya wena," ku vula Hosinkulu.

"Ndzi nge swi koti," ku vula musweki.

Hosinkulu a yi langutile eka N'waMbila wo Basa hi nya- nyuko, loyi a vulavula hi rito ra le hansi aku, "Hosi yanga mi fanele mi kambisisa mbhoni leyi."

"Hi swona, swo boha, swo boha," ku vula Hosinkulu hi mbilu leyi tshovekeke naswona endzhaku ka loko a khondlile mavoko ya yena a visingarile a lo nhwii eka musweki, ku kundza mahlo ya yena ma nga ha vonaki. U huwelerile hi rito rikulu a ku, "kasi swimbhundzwa swi swekiwa hi yini?"

"Viriviri hi xitalo," ku vula musweki.

"Vudyangwani," ku vula rito ro karhala hi le ndzhaku ka yena.

"Khomani Sengani!" ku huwelela Hosinkulu ya xisati.

"Tsemani nhloko ya Sengani! Humesani Sengani ehandle ka khoto! N'wi tshikeleleni! N'wi toveni! "

Eka xinkadyana khoto hinkwayo a yi ri na mpfilumpfilu, Sengani a karhi a humesiwa ehandle naswona loko vanhu se va tshamisekile ekhotho musweku a a nyamalarile.

"U nga vileli!" ku vula Hosinkulu, a karhi a phofula.

"Vitanani mbhoni yin'wana." Ivi a engetela hi rito ro tsana a byekla Hosinkulu ya xisati a ku, "Ina, xirhandzwa, u fanele u kambisisa mbhoni leyi landzelaka. Swi ndzi pandzisa na nhloko leswi!"

Alice u langutile N'waMbila a karhi a phendla mavito, a nyanyukele ku vona leswaku mbhoni ya kona yi ta va njhani, "—hikuva a va se kuma vumbhoni byo enela," u tibyerile sweswo. Anakanya ku hlamala ka yena, loko N'waMbila wo Basa a hlaya vito hi xiritwana xa yena xo xi helerile a ku "Alice!"

Vumbhoni bya Alice

"*K*wala!" ku rila Alice, a rivele leswaku se a hundzukile munhu lonkulu ngopfu eka xinkadyana lexi hundzeke, a tlulela eka xibokisana xa vuavanyisi a karhi a kwatisa vaqamuli ni ntshungu lowu a wu ri kona, va n'wi tsundzuxa xirhendzevutana lexi a kwatisile vhiki leri hundzeke.

"Oo, u ta ndzi khomela!" u hlamarile, a sungula ku ma rholela hi xihatla hikuva mhango ya nhlampfi ya nsuku a ya ha rhendzeleka emehleketweni ya yena laha a ehleketa leswaku swi fanele swi tekiwa kan'we swi tlheriseriwa exibokisanini, kumbe leswaku swi nga ta fa.

"Nandzu wu nge fambeli emahlweni," ku vula Hosinkulu hi rito rikulu, "ku kondza vaqamuli hinkwavo va tlhelerile etindhawini ta vona ta kahle—*hinkwavo,*" u vuyelerile hi ku tikisa swinene a lungutile eka Alice.

Alice u langutile exibokisanini xa vuavanyisi, a vona leswaku a vekile N'waPulundzwani nhloko yi langutile hansi, lero xisiwana xa vanhu a xo puluta ncila xi nga koti no famba hi ndlela leyi twisaka vusiwana. U hatlile a xi humesa ivi a xi

veka kahle; "ku nga ri ku xi ni nkoka wo karhi," a a tibyela;
"ndza tshemba leswaku xi ta pfuna eku avanyisiweni ka
timhaka loko xi languta ehenhla ku fana ni van'wana."

Loko huvo yi tlhelelanyana eka xiyimo xo antswa endzhaku
ko kavanyetiwa, naswona swiphepherhele ni tipenisele ta
vaqamuli ti tlheriseriwile eka vini, va tilulamiserile ku tsala
matimu ya mhangu, ehandle ka N'waPulundzwani loyi a
kombisa ku hluleka ku endla xan'wanchumu lero a a lo
tshama a ahlamile nomo, a langutile ehenhla elwangwini ra
khoto.

"U tiva yini hi ntirho lowu?" i Hosinkulu leyi vutisaka Alice.

"A ndzi tivi nchumu," ku hlamula Alice.

"*Hambi* na nchumu?" ku tshikelela Hosinkulu.

"Hambi na nchumu," ku hlamula Alice.

"I swa nkoka swinene," i Hosinkulu yi karhi yi hundzulukela eka vaqamuli. A vas ungula ku tsala leswi eka swiphepherhele swa vona, loko N'waMbila wo Basa a kavanyeta: "Maendlelo a hi ya nkoka Hosi yanga," a vula hi ku komba nhlonipho, kambe a visisngarile exikandzeni.

"A hi swa nkoka, a ndzi vula sweswo," ku hlamula Hosinkulu, ivi yi ya emahlweni yi tibyela hi yoxe yi ku, "swa nkoka—a hi swa nkoka—a hi swa nkoka—i swa nkoka—" wonge a wo ringetela ku twa rito ri twalaka kahle.

Vaqamuli van'wana va swi tsarile ehansi "swa nkoka" kasi van'wana va tsala "a hi swa nkoka". Alice a swi vona hikuva a a ri kusuhi na vona ngopfu; "kambe a swi na mhaka naswintsanana," a ehleketa a ri swakwe.

Hi nkarhi lowu Hosinkulu leyi a yi tsala eka xibukwana xa yona yi huwelerile "Ku miyela!" ivi yi hlaya eka xibukwana xa yona, "Nawu wa Makhumemune-mbirhi. *Vanhu hinkwavo lava nga leha ku tlula mayila yin'we va fa fanele va huma ekhoto.*"

Vanhu hinkwavo va langutile eka Alice.

"A ndzi lehangi mayila mina," ku vula Alice.

"U lehile wena," ku hlamula Hosinkulu.

"Kusuhi ni timayila timbirhi," ku engetela Hosinkulu ya xisati.

"Hi swona, a ndzi nge fambi hambi swo tshwuka swi yini," ku vula Alice: "Hambiswiritano, a hi nawa wa ntolovelo: u lo titumbuluxela kwala."

"I nawu wa khale wu nga le bukwini," ku vula Hosinkulu.

"A ndzi nge yi hambi swo yini," ku vula Alice.

Hosinkulu yi pfarile xibukwanna xa yona hi xihatla yi nyangatsekile. "Amukela xigwevo xa wena," a karhi a hundzulukela eka vaqamuli hi rito ro rhurhumela.

"Ku na vumbhoni byo tala lebya ha taka, Hosi yanga," ku vula N'waMbila wo Basa, a karhi a tlula hi xihatla; "phepha leri ri lo rholiwa."

"Ri na yini?" ku vutisa Hosinkulu ya xisati.

"A ndzi se ri pfula," ku hlamula N'waMbila wo Basa, "kambe swi tikomba wonge i papilla leri tsariweke hi xibochwa ri—ri ya eka un'wana."

"Swi fanele ku va swona," ku vula Hosinkulu, ehandle ka loko ri nga tsaleriwanga munhu, leswi nga tolovelekangiki, ma vona."

"Ri kongomisiwile eka mani?" ku vutisa un'wana wa vaqamuli.

"A ri kongomisiwangi helo," ku hlamula N'waMbila wo Basa; kahlekahle ehandle a kuntsariwanga nchumu." U pfurile phepha leriya, ivi a ku "A hi papilla hambi: ko va tindzimana."

"Ti ni matsalelo ya xibochwa ke?" ku vutisa un'wana wa vaqamuli.

"Ee a ti na wona," ku vula N'waMbila wo Basa, "hi swona leswi hlamarisaka ngopfu." (Vaqamuli va kombile ku hlamala.)

"U fanele a ecnyetile matsalelo ya un'wana," ku vula Hosinkulu. (Vaqamuli va xile nakambe.)

"Hosi yanga," ku vula Jeke. "A ndzi swi tsalangi, a van a vumbhoni bya kona: a ku na vito leri sayiniweke emakumu."

"Loko a u nga sayinangi," ku vula Hosinkulu, "swo nyanya ku bihisa mhaka. Kumbe a wo keha, hambi ku a wu fanele u sayinile vito ra wena tanihi munhu wo tshembeka."

Ku ve na ku phokotela mavoko hi ku angarhela hi mhaka leyi: a ku ri nchumu wo tlhariha lowu a wu vuriwile hi Hosinkulu siku rero.

"Swi kombisa leswaku u na nandzu," ku hlamula Hosi-
nkulu ya xisati: "se—a yi suke—"

"A swi kombisi nchumu leswi!" ku vula Alice. "Hikokwa-
laho ka yini, a mi tivi leswaku i swa yini!"

"Ma hlayeni," ku vula Hosinkulu.

N'waMbila wo Basa u ambarile manghilazi ya yena. "Ndzi
sungulela kwihi, Hosi yanga?" u vutisile.

"Sungulela emasungulweni," ku hlamula Hosinkulu, hi rito
ro tika, "hlaya ku kondza u ya fika emakumu: ivi u ta yima."

"Ku vile na ku miyela kukulu ekhoto loko N'waMbila wo
Basa a hlaya tindzimana leti:—

"Va ndzi byerile ku ri u yile eka yena,
U vula vito ra mina eka yena:
U ndzi nyikile vumunhu bya kahle,
Kambe ndzi te ku hlambe a ndzi swi koti.

U va rhumele rito kuri a ndzi nga fambangi
(Ha swi tiva ku ri ntiyiso):
Loko wo yisa mhaka emahlweni,
Ku ta humelela yini hi wena?

Ndzi n'wi nyike xin'we, va n'wi nyike swimbirhi,
U hi nyike swinharhu kumbe ku tlula;
Swi tlherile eka yena swi ta eka wena hinkwaswo,
Hambileswi a swi ri swa mina khale.

Loko mina kumbe yena a va na thomo
nghenelela eka mhaka leyi,
Wa ku tshemba leswaku u ta va chucha
Ku fana ni leswi a hi ri xiswona.

A ndzi vula leswaku u ve
(A nga si va na xiyimo lexi)
Xirhalanganyi lexi nga ta exikarhi
ka yena, na hina na xona.

U nga va tivisi leswaku a swi rhandza ngopfu,
Hikuva lexi xi fanele ku va xihundla ku ya ku yile
Eka van'wana hinkwavo,
Exikarhi ka wena na mina."

"Lexi hi xona xiphemu xa nkoka xa vumbhoni lebyi hi byi tweke," ku vula Hosinkulu, yi tiswoswa swandla swa yona; "se tshikani vaqamuli—"

"Loko un'wana wa vona a swi hlamusela," ku vula Alice (a a kurile ngopfu lero a a nga ha chavi ku n'wi kavanyeta), "ndzi ta n'wi nyika mapeni ya tsevu. A ndzi tshembi leswaku ku ni nhloko na ncila eka swona."

Vaqamuli hinkwavi va tsarile eka swiphepherhele swa vona, "A ngakholwi leswaku ku na nhloko na ncila eka swona," kambe a ku na hambi na un'we wa vona loyi a ringeteke ku hlamusela phepha.

"Loko ri nga vuli nchumu," ku vula Hosinkulu, "swi vulamisava ya makhombo, ma tiva, tanihileswi hi nga laviki ku kuma hambi na rin'we. Kambe na sweswi a ndzi tivi," u yile emahlweni a vekile tindzimana etsolweni ra yena a ti langutile hi tihlo rin'we; "Wonge ndzi vona leswaku ti ni leswi ti vulaka. '—*u te ku hlambela a ndzi swi koti*—" a u swi koto ku hlambela, a hi swona? U engeterile a hundzulukela eka Jeke.

Jeke u hlakahlile nhloko ya yena hi ku kwata. "Ndzi languteka tanihi swona?" u vurile tano. (Leswi hi ntiyiso a nga ri xiswona, ku va a endliwile hi khabadi.)

"Swi kahle, ku ta fika laha," ku vula Hosinkulu; a vulavula a ri swakwe mayelana na tindzimana: "'*Ha swi tiva ku ri ntiyiso*'—i vaqamuli lava—'*Loko wo yisa mhaka ema-hlweni*'—ku fanela ku va Hosinkulu ya xisati—'*ku ta humelela yini hi wena?*'—yini hakunene!—'*Ndzi n'wi nyike xin'we, va n'wi nyike swimbirhi*'—hikiokwalaho ka yini, ku fanele ku ri swo leswi a nga endla hi swimbhundzwa ma vona—"

"Kambe swi ya emahlweni '*Swi tlherile eka yena swi ta eka wena hinkwaswo*'," ku vula Alice.

"Hikokwalaho ka yini, hi leswiya lahaya!" ku vula Hosinkulu, yi kombetela eka swimbhundzwa etafuleni. "A ku na xi nga rivaleni ku tlula leswiya. Nakambe, '*A nga si va na xiyimo lexi*'—a wu se tshama u va na switshetshele, a hi swona?" a kongomisa eka Hosinkulu.

"Tolo na rini!" ku hlamula Hosinkulu ya xisati hi ku kwata yi hoxela xiseketelo xa inki eka N'waPulundzwani. (Khombo ra kona Bill a a nga tsalangi hambi na nchumu hi ritiho ra yena eka xiphepherhele, kambe u sungurile hi xihatla a tirhisa inki leyi a yi thona exikandzeni xa yena ku kala yi laha helelaka kona.)

"Marito a ya ku faneli," ku vula Hosinkulu yi karhi yi xiyaxiya ekhoto hi n'wayitelo. Ku ve na ku miyela kukulu.

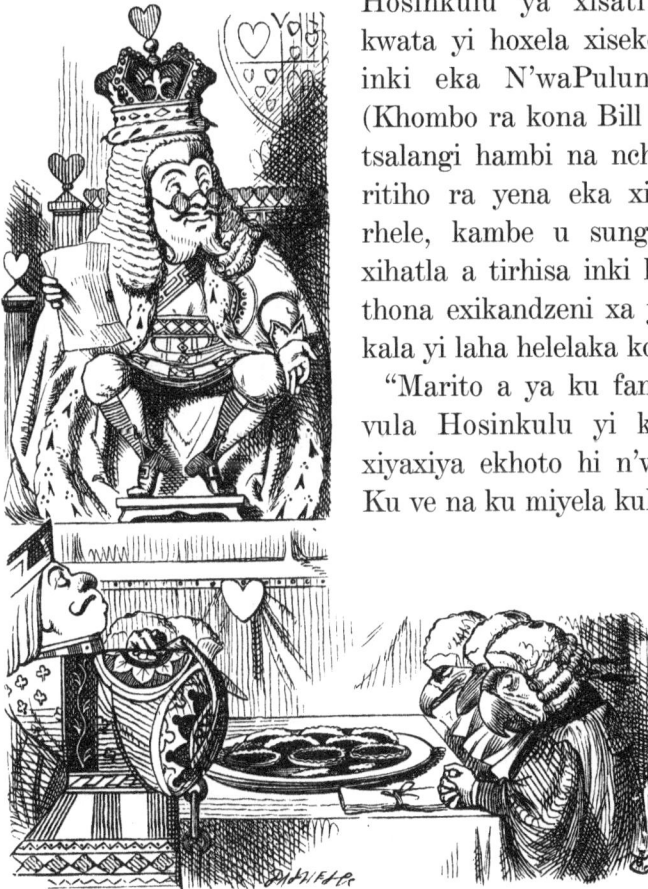

"I fenya leri!" ku engetela Hosinkulu hi rito ra ku tsuva.
Hinkwavo va yimile ku tserhe. "Ko va ku xwanga!" ku
tikirheta Hosinkulu hi rito leri kombaka ku kwata, leswi
hlekiseke hinkwavo. "Tshikani huvo yi veka xigwevo," ku
vurile Hosinkulu ra vumakumembirhi siku rero.

"Ee, ee!" ku vula Nkosikazi. "Hi sungula hi ku xupula—ivi
kuhetelela xigwevo."

"I swilo swa thyaka!" ku huwela Alice. "Mhaka yo sungula
hi ku xupula!"

"Khoma nomo wa wena!" ku vula Nkosikazi, a karhi a
cinca muhlovo.

"Ndzi nge endli sweswo!" u vurile Alice.

"Tsemani hloko yayena!" Nkosikazi yi huwelerile hi rito leri
kulu.

"Ku khala mani hi wena?" ku vutisa Alice (a a kurile ku
fika ko hetelela hi nkarhi lowu). "A wu nchumu wo va
xijumbana xa makarata!"

Hi nkarhi lowu xijumba hinkwaxo xi tlakukele emoyeni ivi
xi ta xi karhi xi hahela eka yena; a huwelelanyana, tlhelo
rin'wa hi ku chava kasi hi lerin'wana hi ku hlundzuka, a
ringeta ku ma ba leswaku ma suka kambe u tikumile a ri
ehlalukweni ka nambu a xingiwile hi sesi wa yena loyi a susa
matluka yo oma eka yena lama a ma wele xikandzeni xa yena
ku suka emisinyeni.

"Pfuka, pfuka Alice xirhandzwa!" ku vula sesi wa yena.
"Hikokwalaho ka yini, ku etlela nkarhi wo leha tanihi lowu!"

"Oo, ndzi ve na norho wo nyanyula swonghasi!" ku vula
Alice. U byerile sesi wa yena leswi a nga swi tsundzuka
hinkwaswo, mimbalango ya yena yo hlamarisa leyi a ma ha
ku yi hlaya; naswona loko a hetile, u tswontswile sesi wa yena
ivi a ku, "a ku ri norho wo nyanyula hakunene; kambe sweswi
tsutsumela tiya ya wena: se nkarhi wu fambile." Alice u
pfukile a tsutsuma, a karhi a ehleketa norho wo hlamarisa
swonghasi.

Kmbe sesi wa yena u lo ala a tshamile tanihileswi a tshamisile xiswona, a khigetele nhloko ya yena evokweni ra yena a hlalela dyambu leri a ri karhi ri pela, naswona a ehleketa Alice ni mimbalango ya yena hinkwayo leyo hlamarisa, ku kondza na yena a sungula ku lorha hi fexeni, norho wa yena hi lowu:-

Eku sunguleni u lorhile ehenhla ka yena na Alice: nakambe swivokwana a swi tlhandlekiwile etsolweni na mahlo makulu

yo hatima a ma langutile eka ma ya yena—a a twa tithoni ta
rito ra yena, a vona ni laha a hlakahla nhloko ya yena
leswaku a nga tlunyiwi hi misisi—nakambe loko a yingiserile
kumbe a endla wonge u yingiserile, ndhawu hinkwayi yi nga
n'wi rhendzela a yi ri na vutomi hikokwalaho ka swivumbiwa
swo chavisa leswi lorhiweke hi ndzisana ya yena.

Mabyanyi yo leha a ma n'wi khumba mikondzo ya yena loko
N'waMbila wo Basa a tsutsuma hi le kusuhi na N'waKondlo
loyi a chuhwile u tsutsumile hi le ka xidziva lexi nga le
kusuhi-a a twa mpfumawulo wa tikomichi loko N'wa-
Mpfundla na vanghana va phakana swakudya swa vona
leswo kala ku hela, na rito ra Hosinkulu ya xisati yi karhi yi
lerisa ku dlayiwa ka vayeni va khombo-xihlangi xa nguluve a
xi entshemula xi xingiwile hi Mufumi wa xisati, kasi mindyelo
ni mabavhu swi gomolana kusuhi na yena—ku rila ka
N'waGirayifoni, mpfumawulo wa penisele ya N'waPulu-
ndzwani, ku vindziwa ka timbila nakambe swi tatile moya swi
katsanile na ku rila ka N'waXibodzemavun'wa, mbuya-
ngwana.

U tshamile ehansi a tipfarile ivi hi tlhelo a anakanya a ri
eTikweni ra Swihlamariso, hambileswi a a tva leswaku a
fanele ku ma kuma nakambe, naswona hinkwaswo swi ta
hundzuka ntiyiso lowu nga tsakisiki—byanyi byi ta va byi
yisiwa hala ni hala hi moya, na tinhlanga ti karhi ti
rhurhumela exikarhi ka magandlati ya xidziva—mipfu-
mawulo ya ku gomolana ka tikomichi a yi hundzuka ku chaya
ka tibela ta tinyimpfu, na ku rila ka Hosinkulu ya xisati ku
hundzuka rito ra murisi—na ku entshemula ka xihlangi, ku
va ku cema ka N'waGirayifoni, na tihuwa tin'wana to ka ti
nga twali, a ti hundzuka (a swi tiva) huwa ya ye jarateni ra
purasi—kasi ku khuza ka tihomu empfhukeni ku siva ku rila
hi xihluku ka N'waXibodze.

Eku heteleleni, a tivumbela xifaniso xa le miehleketweni xa
leswi a swi ta endliwa hi ndzisana ya yena loko se yi ri

ntswatsi; na leswaku yi ta hlayisa njhani mbilu ya yona ya
rirhandzu na tintswalo swa vuhlangi bya yona; na leswaku yi
ta hlengeleta njhani swihlangi swa yona swin'wana a a swi
endla leswaku mahlo ya swona ya hatima na ku nyanyukela
ku twa mitsheketo leyi ndlaka ingaku ko va mihlolo,
kumbexana hambi ni norho wa Tiko ra Swihlamariso ra
khale swinene; na leswaku a nga twa njhani hi timbilu ta
vona ta ntwelavusiwana, naswona a kuma nkufumelo eka
mitsako, ku tsundzuka vuhlangi bya yena, na masiku ya
ximumu yo tsakisa swonghasi.

Alice's Adventures in Wonderland, by Lewis Carroll, 2015

Through the Looking-Glass and What Alice Found There,
by Lewis Carroll 2009

Alice's Adventures in Wonderland, illus. June Lornie, 2013

Alice's Adventures in Wonderland, illus. Mathew Staunton, 2015

A New Alice in the Old Wonderland,
by Anna Matlack Richards, 2009

New Adventures of Alice, by John Rae, 2010

Alice Through the Needle's Eye, by Gilbert Adair, 2012

Wonderland Revisited and the Games Alice Played There,
by Keith Sheppard, 2009

Alice's Adventures under Ground, by Lewis Carroll, 2009

The Nursery "Alice", by Lewis Carroll, 2010

The Hunting of the Snark, by Lewis Carroll, 2010

The Haunting of the Snarkasbord, by Alison Tannenbaum,
Byron W. Sewell, Charlie Lovett, and August A. Imholtz, Jr, 2012

Snarkmaster, by Byron W. Sewell, 2012

In the Boojum Forest, by Byron W. Sewell, 2014

Murder by Boojum, by Byron W. Sewell, 2014

Alice's Adventures in Wonderland,
Retold in words of one Syllable by Mrs J. C. Gorham, 2010

𐐚𐐷𐑅'𐑅 𐐛𐐼𐑂𐐯𐑌𐐻𐐷𐑉𐑅 𐐮𐑌 𐐧𐐲𐑌𐐼𐐲𐑉𐑃𐐰𐑌𐐼,
Alice printed in the Deseret Alphabet, 2014

Also available from Evertype

Alice's Adventures in Wonderland,
Alice printed in Dyslexic-Friendly fonts, 2015

Alice's Adventures in a Dyslexic Wonder-land, *Alice* printed in a font that simulates Dyslexia, 2015

[illegible],
Alice printed in the Ewellic Alphabet, 2013

ˈÆlɪsɪz ədˈventʃəz ɪn ˈWʌndəˌlænd,
Alice printed in the International Phonetic Alphabet, 2014

Alis'z Advnčrz in Wunḓland,
Alice printed in the Ṅspel orthography, 2015

[illegible], *Alice* printed in the Nyctographic Square Alphabet, 2011

[illegible],
Alice printed in the Shaw Alphabet, 2013

ALISIZ ADVENCERZ IN WUNDRLAND,
Alice printed in the Unifon Alphabet, 2014

Elucidating Alice: A Textual Commentary on *Alice's Adventures in Wonderland*, by Selwyn Goodacre, 2015

Behind the Looking-Glass: Reflections on the Myth of Lewis Carroll, by Sherry L. Ackerman, 2012

Clara in Blunderland, by Caroline Lewis, 2010

Lost in Blunderland: The further adventures of Clara, by Caroline Lewis, 2010

John Bull's Adventures in the Fiscal Wonderland, by Charles Geake, 2010

The Westminster Alice, by H. H. Munro (Saki), 2010

Alice in Blunderland: An Iridescent Dream,
by John Kendrick Bangs, 2010

Rollo in Emblemland, by J. K. Bangs & C. R. Macauley, 2010

Gladys in Grammarland, by Audrey Mayhew Allen, 2010

Alice's Adventures in Pictureland,
by Florence Adèle Evans, 2011

Eileen's Adventures in Wordland, by Zillah K. Macdonald, 2010

Phyllis in Piskie-land, by J. Henry Harris, 2012

Alice in Beeland, by Lillian Elizabeth Roy, 2012

The Admiral's Caravan, by Charles Edward Carryl, 2010

Davy and the Goblin, by Charles Edward Carryl, 2010

Alix's Adventures in Wonderland:
Lewis Carroll's Nightmare, by Byron W. Sewell, 2011

Áloþk's Adventures in Goatland, by Byron W. Sewell, 2011

Alice's Bad Hair Day in Wonderland,
by Byron W. Sewell, 2012

The Carrollian Tales of Inspector Spectre,
by Byron W. Sewell, 2011

Alice's Adventures in An Appalachian Wonderland,
Alice in Appalachian English, 2012

Patimatli ali Alice tu Vãsilia ti Ciudii, *Alice* in Aromanian, 2015

Алесіны прыгоды ў Цудазем'і, *Alice* in Belarusian, 2013

Ahlice's Aveenturs in Wunderlaant,
Alice in Border Scots, 2015

Alice's Mishanters in e Land o Farlies,
Alice in Caithness Scots, 2014

Crystal's Adventures in A Cockney Wonderland,
Alice in Cockney Rhyming Slang, 2015

Aventurs Alys in Pow an Anethow, *Alice* in Cornish, 2015

Alice's Ventures in Wunderland, *Alice* in Cornu-English, 2015

Alices Hændelser i Vidunderlandet, *Alice* in Danish, 2015

آلیس در سرزمین عجایب (Âlis dar Sarzamin-e Ajâyeb),
Alice in Dari, 2015

La Aventuroj de Alicio en Mirlando,
Alice in Esperanto, by E. L. Kearney, 2009

La Aventuroj de Alico en Mirlando,
Alice in Esperanto, by Donald Broadribb, 2012

Trans la Spegulo kaj kion Alico trovis tie,
Looking-Glass in Esperanto, by Donald Broadribb, 2012

Les Aventures d'Alice au pays des merveilles,
Alice in French, 2015

Les Aventures d'Alice au pays des merveilles,
Alice in French, illus. Mathew Staunton, 2015

Alice's Abenteuer im Wunderland, *Alice* in German, 2010

Alice's Adventirs in Wunnerlaun,
Alice in Glaswegian Scots, 2014

Balþos Gadedeis Aþalhaidais in Sildaleikalanda,
Alice in Gothic, 2015

Nā Hana Kupanaha a ʻAleka ma ka ʻĀina Kamahaʻo,
Alice in Hawaiian, 2012

Ma Loko o ke Aniani Kū a me ka Mea i Loaʻa iā ʻĀleka ma
Laila, *Looking-Glass* in Hawaiian, 2012

Aliz kalandjai Csodaországban, *Alice* in Hungarian, 2013

Eachtraí Eilíse i dTír na nIontas,
Alice in Irish, by Nicholas Williams, 2007

Lastall den Scáthán agus a bhFuair Eilís Ann Roimpi,
Looking-Glass in Irish, by Nicholas Williams, 2009

Eachtra Eibhlíse i dTír na nIontas,
Alice in Irish, by Pádraig Ó Cadhla, 2015

Le Avventure di Alice nel Paese delle Meraviglie,
Alice in Italian, 2010

L's Aventuthes d'Alice en Êmèrvil'lie, *Alice* in Jèrriais, 2012

L'Travèrs du Mitheux et chein qu'Alice y dêmuchit,
Looking-Glass in Jèrriais, 2012

Las Aventuras de Alisia en el Paiz de las Maraviyas,
Alice in Ladino, 2014

Alisis pīdzeivuojumi Breinumu zemē, *Alice* in Latgalian, 2015

Alicia in Terra Mirabili, *Alice* in Latin, 2011

Aliciae per Speculum Trānsitus (Quaeque Ibi Invēnit),
Looking-Glass in Latin, 2014

Alisa-ney Aventuras in Divalanda,
Alice in Lingua de Planeta (Lidepla), 2014

La aventuras de Alisia en la pais de mervelias,
Alice in Lingua Franca Nova, 2012

Alice ęhr Eventüürn in't Wunnerland,
Alice in Low German, 2010

ALSO AVAILABLE FROM EVERTYPE

Contoyrtyssyn Ealish ayns Çheer ny Yindyssyn,
Alice in Manx, 2010

Ko Ngā Takahanga i a Ārihi i Te Ao Mīharo,
Alice in Māori, 2015

Dee Erläwnisse von Alice em Wundalaund,
Alice in Mennonite Low German, 2012

Auanturiou adelis en Bro an Marthou,
Alice in Middle Breton, 2015

The Aventures of Alys in Wondyr Lond,
Alice in Middle English, 2013

L'Aventuros de Alis in Marvoland, *Alice* in Neo, 2013

Ailice's Anters in Ferlielann, *Alice* in North-East Scots, 2012

Æðelgýðe Ellendæda on Wundorlande,
Alice in Old English, 2015

Die Lissel ehr Erlebnisse im Wunnerland,
Alice in Palantine German, 2013

Alice Cuntada aos Mais Pequenos,
The Nursery "*Alice*" in Portuguese, 2015

Соня въ царствѣ дива: Sonja in a Kingdom of Wonder,
Alice in Russian, 2013

Ia Aventures as Alice in Daumsenland,
Alice in Sambahsa, 2013

'O Tāfaoga a 'Ālise i le Nu'u o Mea Ofoofogia,
Alice in Samoan, 2013

Eachdraidh Ealasaid ann an Tìr nan Iongantas,
Alice in Scottish Gaelic, 2012

Alice's Adventchers in Wunderland, *Alice* in Scouse, 2015

Mbalango wa Alice eTikweni ra Swihlamariso,
Alice in Shangani, 2015

Alice's Adventirs in Wonderlaand, *Alice* in Shetland Scots, 2012

Alice muNyika yeMashiripiti, *Alice* in Shona, 2015

Ailice's Aventurs in Wunnerland,
Alice in Southeast Central Scots, 2011

Alis bu Cëlmo dac Cojube w dat Tantelat, *Alice* in Ṣurayt, 2015

Alisi Ndani ya Nchi ya Ajabu, *Alice* in Swahili, 2015

Alices Äventyr i Sagolandet, *Alice* in Swedish, 2010

Ailis's Anterins i the Laun o Ferlies,
Alice in Synthetic Scots, 2013

'Alisi 'i he Fonua 'o e Fakaofo', *Alice* in Tongan, 2014

Alice's Carrànts in Wunnerlan, *Alice* in Ulster Scots, 2013

Der Alice ihre Obmteier im Wunderlaund,
Alice in Viennese German, 2012

Ventürs jiela Lälid in Stunalän, *Alice* in Volapük, 2015

Lès-avirètes da Alice ô payis dès mèrvèyes,
Alice in Walloon, 2012

Anturiaethau Alys yng Ngwlad Hud, *Alice* in Welsh, 2010

I Avventur de Alìs ind el Paes di Meravili,
Alice in Western Lombard, 2015

Alison's Jants in Ferlieland, *Alice* in West-Central Scots, 2014

Di Avantures fun Alis in Vunderland, *Alice* in Yiddish, 2015

Insumansumane Zika-Alice, *Alice* in Zimbabwean Ndebele, 2015

U-Alice Ezweni Lezimanga, *Alice* in Zulu, 2014

www.ingramcontent.com/pod-product-compliance
Lightning Source LLC
Chambersburg PA
CBHW031850090426
42741CB00005B/424